小宮式・最速仕事術

「読む」「書く」「考える」は5分でやりなさい!

小宮一慶
経営コンサルタント

大和出版

はじめに――

あなたの「5分」は、劇的に変わる！

私は今、地下鉄のホームのベンチに座り、モバイルパソコンを開いてこの原稿を書いています。電車が来るたびに轟音《ごうおん》が響きますが、さして気になりません。

もちろん、いつまでもここに座っているわけではありません。

先方との待ち合わせより20分ほど早く到着しそうだったので、ならばその間に少しでも原稿を書こうと思ったのです。

2本ほど電車を見送れば、5分は原稿を書く時間に充てられます。

5分経ったら、途中でも切り上げて改札に向かうつもりです。

たった5分？

そうです、5分です。

驚く人もいるのですが、5分あれば、原稿用紙1枚分の原稿は書けます。

私は、本業（経営コンサルタント）の他に、ネットや雑誌などの連載原稿を月に10本ほど持っています。本も書いています。それ以外に、月に2回、自社で発行しているメルマガを書いていますが、その分量はおよそ原稿用紙3枚分（1200字）です。「調子が良ければ」という条件はつきますが、「3枚を、15分あれば書き終える」ことを知っているので、5分あれば、およそ1枚は書けると見積もっています。

要は、5分で1枚、10分で2枚、15分で3枚は書けるのです（だからといって、2時間ぶっ通しで執筆すれば24枚書けるかと言えば、それは違います。これについては本書で詳しく説明します）。

本書のテーマにも関わることですが、多くの人が、「5分や10分では仕事なんてたいしてできない」と思い込んでいるのではないでしょうか。

でも、それは大きな間違いです。

同じ5分、10分を使うとき、その時間を生かすも殺すも自分次第。「やろう」と思うか否か、ちょっとした意識の違いが、いつしか大きな差を生むのです。

たとえ5分だろうが、やる人はやります。

やらない人は、30分経っても手つかずのまま。たいして進まないままです。

時間が経つほど、気持ちが焦ってますます取りかかれない。まさに悪循環です。

これが毎日、何年も続いたら？

野球に例えれば、メジャーリーガーになれる人と、草野球の選手にもなれない人ほどの違いになって表れるのではないでしょうか。

そもそも、「5分でもやる人」は「忙しい人」です。忙しいから、「5分という細切れ時間を使ってでも、やらなければならない」のです。

皆さんは、どうですか？

おそらく、本書を手に取ったのですから、**今の忙しい状況をどうにか変えたい、だからこそもっと効率的に仕事ができれば**と思っていますよね。

もしも皆さんが「5分や10分では何もできない」と思うならば、そう思っているうちは残念ながら、状況は変わらないでしょう。

できないと思っている人は、やらないからできないのです。しかし、考え方やちょっとした方法を変えれば、できることは実はたくさんあります。

経営者、コンサルタント、講師、執筆者……

ここでちょっと、普段の私の仕事について、簡単ですが紹介させてください。

私は、小宮コンサルタンツという社員数8人の会社の経営者です。当然、社長業としての仕事があります。

本業は経営コンサルタントで、現在、15社の顧問先さんを自分で担当しています。顧問先さんの拠点は東京だけでなく、東海地方、近畿、九州にもあり、その子会社も含めて10社ほど非常勤の取締役、監査役を務め、月に10回ほど経営会議や取締役会、理事会などに出席しています。

また、私の会社では、現在約350社の会員企業さん向けに年に6回ずつ、東京と大阪でセミナーを開催し、その講師を自ら務めています。

さらに、年間を通して、事業後継者を育てる「後継者ゼミナール」や経営コンサルタントを育てる「経営コンサルタント養成講座」、将来の幹部向けの「経営基本講座」などを開催し、これもかなりの部分で自らが講師を務めています。

これだけでもひとり分の仕事としては多過ぎると言われそうですが、本業の合間を縫って、年間200カ所ほどで講演や研修も行っています。講演する場所は、北海道から九州、沖縄まで文字通り全国各地です。

他にも月に2回ほど、『ちちんぷいぷい』(毎日放送)という大阪のテレビ番組に出演しています。こうなると移動も非常に多く、1年でだいたい片道を1回として新幹線に年110回、飛行機には80回ぐらい乗っています。

さらに、執筆活動です。先にも少し触れましたが、ウェブや雑誌などの連載が月に10本ほどあり、年に10冊ほどは単行本も出しています。また、月に2回発行している自社のメルマガも自分で書いていますし、ブログの日記も毎日アップしています。新聞や雑誌の取材もよく受けます。

こんな調子ですから、まとまった時間はまったくと言っていいほど取れません。ですから、本の企画を考えたり、原稿チェックをしたり、メルマガを書いたりといった作業は、5分、10分の細切れ時間をフルに活用せざるを得ません。

なぜ、忙しいのに「忙しい感覚」がないのか?

こう言うと、「そんなに忙しくて、ちゃんと寝ていますか?」と心配されることがありますが、大丈夫、しっかり寝ています。睡眠時間は平日は6・5〜7時間、休日は8時間ほど。徹夜することもなく、それどころか深夜12時を回る頃には、ぐっすり夢の中です。睡眠時間は皆さんよりも長いのではないでしょうか。

もっと言えば、これだけたくさんの仕事をしても、「忙しい」感覚はないんです。

いや、地下鉄のホームで原稿を書いているぐらいですから、忙しいには違いないのですが、よく寝ているし、楽しんで仕事をしています。「忙しい」という字は、「心を亡くす」と書きますから、疲れた、つらい、苦しい、イヤといったイメージを抱く人は多いと思いますが、その意味からすると、「忙しくない」のです。

理由は明白です。「時間をコントロールしている」からです。

「時間もお金も使うもの」です。使われてはいけません。

そのためには自分でコントロールするという感覚が大切なのです。仕事をてきぱきとこなせる人ほど、時間をコントロールして仕事ができるので、5分、10分といった細切れ時間も上手に使えます。

「忙しい」がログセの人は、これができない。なぜでしょう？

時間に使われているのです。だから忙しいと感じるのです。

仕事の量が同じでも……

時間に使われている

なかなかはじめられない

↓

間に合わない

↓

やっつけのアウトプット

↓

仕事がどんどん
押し寄せる

↓

焦燥感

忙しい

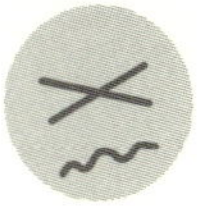

時間を使っている

スタートダッシュ

↓

時間通りにフィニッシュ

↓

良質なアウトプット

↓

予定通りに
仕事が進む

↓

達成感

忙しくない！

では、限られた時間の中で、時間をコントロールしながら仕事をするにはどうすればいいのでしょうか――？　それを、本書でお伝えしていこうと思います。

本書を読み進めるに当たり、ひとつだけ念頭に置いてほしいことがあります。

それは、**単に「仕事が速い＝良い仕事ができる」とは限らない**ということです。

速く仕事をしようという心がけは大切ですが、どんなに早く終わっても、ミスが多くて雑だったり、相手の意図を汲み取っていないものだったりしたら、誰も評価しません。むしろ、信用失墜です。つまり、何はさておいても重要なのはこれです。

仕事は、良質なアウトプットがすべて。

分かりますか。あなたの仕事のスピードが速かろうが遅かろうが、あるいは仕事が重なって徹夜しようが、お客さまや上司にとっては何の関係もないんです。

相手は、「仕上がった仕事の中身」だけを見て判断します。

クオリティが高ければ喜んでくれるし、低ければ二度と頼みません。

当然ですよね。どんなに仕事が速くても、どんなに効率よく進めても、クオリティが低ければ無価値同然なのです。つまり、仕事をするすべての人が第一に考えるべきことは、「**いかに良質なアウトプットを出せるか**」です。

求められているのは、あくまでもアウトプットの質と量。良質なアウトプットをたくさん出せる人は、お客さまからも会社からも重宝されます。そして、良質なアウトプットを出せる人は、仕事も速くなっていきます（その理由は本書で説明していきます）。ですからまずは、良質なアウトプットを目指さなければなりません。質の低い仕事をいくら速くやっても、無価値どころか周りに迷惑をかけ、自身の評判を落とすだけ。良い仕事ができるようになったら、スピードを上げるのです。

仕事が速い上に、クオリティが高い人を世間は放っておきません。そういう人は、ますます忙しくなり、さらに良質なアウトプットを目指し、結果として、ますます速く仕事ができるのです。

本書を読めば、これまでの5分、10分が劇的に変わり、良い仕事を速く、たくさんできるようになります。

時間の使い方、考え方をマスターし、仕事も人生も今まで以上に実り多いものにしていってください。

第1章 時間と気持ちをコントロールする技術

もっと効率的に、深く理解する！

第2章　「読む」を最速化する技術

論理的思考力を強化する！

第3章 「考える」を最速化する技術

Contents

さらに上のレベルを目指したいあなたに！

第5章 仕事の質と効率を押し上げる極意

第1章

最高の
スタートダッシュを
切るために！

時間と気持ちを
コントロールする技術

仕事の遅い人は、スタートが遅い

「はじめに」でもお伝えした通り、仕事は、**限られた時間の中で、いかに良質なアウトプットを出すか**が問われます。そのためには、何をすれば良いのでしょうか。

まず考えたいのは、**仕事の遅い人は、「スタートが遅い」**という事実です。

時間のロスだと自覚はしているのに、なかなかやらない。手をつけない。

心当たりはないですか？　仕事のできない人の典型的な特徴のひとつです。

仕事が遅い以前に、スタートが遅いのです。

これは、良質なアウトプットを出す以前の根本的な問題です。

スタートが遅いのは、いくつかの理由があります。それを探ってひとつひとつ解決していけば、仕事も速くなり、できる量も少しずつ増えていきます。

本章では、上手にスタートダッシュする方法について確認しておきましょう。

スタートダッシュ力 1

まず、手をつける

スタートダッシュを決めたいなら、何はさておいても「まず手をつける」ことです。

当たり前ですよね。やらないと終わりませんから。

でも、仕事の遅い人ほどはじめようとしません。

今朝、私は7時40分に会社に着いて、900字（原稿用紙2枚強）と2000字（原稿用紙5枚）の2本の原稿を書きました。トータル1時間もしないうちに終わりましたが、900字の方は、昨日の帰りがけに、**5〜6分の隙間時間があったので、思いついたことを数行分ほど書いておいたん**です。

まさに、「まず、手をつけた」のですが、**前の日にたった5分やっておいただけで、翌日のスタートダッシュは俄然、違って**きます。

ところが、仕事が遅い人ほどこれができません。

5分では何もできない、まとまった時間を作ってやらなければできないと思い込んでいるから、どうせできないと決めつけています。

でも、本当にそうでしょうか？

そういう人は、たとえたっぷり時間があっても、「まだまだ時間がある」と、結局すぐにはじめることはないと思います。

5分あれば、企画書を書く、仕事の関連資料や書籍を読む、プレゼン資料を作成するなど、着手できることはたくさんあります。ほんの少し思いついたことでも、なんでもかまいません。とにかく、着手するのです。

もちろん、5分で全部終わるわけではありません。でも、それでいいんです。

肝心なのは、「やりかける」ことだからです。

企画書作りなら、5分を使って、思いついたアイデアなどをメモしてみる。

そうすれば、次に取りかかるときは、そのアイデアをもとに具体的な枝葉の部分を詰めていくことができます。

それに、今日5分やっておいて、「次にまた5分作れるときに続きをやろうか」と思えれば、気持ちもかなりラクになりますよね。

「まず、手をつけた」その一歩は、かなり大きな一歩です。

「Once done is half done.」（いったんはじめたものは、半分終わったも同じ）

私はこの英語のことわざが大好きです。

隙間時間があって、やるのが少し億劫なときに、このことわざを思い出すことにしています。はじめる、ということはそのぐらい大きい一歩になるのです。

だからこそ、まず、手をつけてください。

パソコンを立ち上げ、取りかかるドキュメンツを開くだけでもいいのです。

やりはじめてみたら、早く終わらせられることは意外とたくさんあることが分かります。スタートが早ければ、できる仕事の量もだんだん多くなっていきます。

POINT!

とにかく「やりかける」

スタートダッシュ力 2

準備をする

「まず、やってみる」と申し上げましたが、その大前提として「**準備**」**が必要**です。

私は、調子が良ければ、毎月2回発行している原稿用紙3枚分のメルマガを15分で書き上げます。ただし、15分で終えるには、「**文章のテーマや、だいたいの流れをあらかじめ決めている**」という条件がつきます。まさに、これが「準備」。テーマも決めてないのに、いきなりパソコンに向かうのは、それこそ時間のムダというものです。

「準備」といっても、別に大げさなことをするわけではありません。

私は、文章のテーマを決めるときは、新幹線や電車の車内、会社まで歩いている途中などの移動中に、「新聞で読んだあの記事は、もっと深掘りできるんじゃないかな?」などと考え、そこでおおよそのテーマは決めてしまいます。

また、新聞を読んで気づいたことや、街中や出張先で見かけたことなど、連載原稿やメルマガ、講演の「ネタ」になりそうなことは、一言でも良いから、その場で手帳などに必ずメモするようにしています。企画書の骨子を考える場合も同じです。

あらかじめ少しでも考えておく。

要は、空き時間を使って、**「何を書くべきか」「何をすべきか」を決めておく＝準備しておく**のです。これにより、当然スタートダッシュが早まります。

POINT!

書く前に「テーマ」を決めておく

スタートダッシュ力 3

早起きする

人間には、調子のいい時間というのが必ずあります。

自分にとって「やる気の出る時間帯」、すなわち集中力を保てて、自分の能力をフルに出せる時間帯を確認しておきましょう。

私は、圧倒的に朝が調子いいです。顧問先さんの問題解決策を思いつくのも朝が多いし、原稿がはかどるのも、書籍の企画が浮かびやすいのも断然朝です。

つまり私の場合、**朝の時間帯を、大切なことをアウトプットするための時間に充てれば、質の高いアウトプットがより短い時間で出せる**のです。

昼が調子いい人は、そこに大事な仕事を集中させるようにしてください。

夜が絶好調だという人。これは、要注意です。

物書きのように、ひとりで完結できる仕事ならそれでいいですが、ほとんどのビジネスマンがアウトプットを求められるのは、会議の場やお客さまのところに出向いた先など、日中だからです。

夜中に仕事をする会社は別ですが、日中にベストパフォーマンスが出せなければ評価してもらえません。特に会議やプレゼンの場で、アイデア出しや論理的思考をするなど、頭の切れを要求される場合はなおさらです。

ですから、夜中にひらめいても遅いのです。

夜型の人は、早く寝て少し早く起きる習慣を身につけ、日中にベストパフォーマンスが出せるように生活パターンを変えると人生が変わる可能性があります。

会社で見ていても、**早く出社する人の方が、仕事ができる人の割合が格段に多い**のが事実です。ぎりぎりに出社して、仕事が遅く、その質も低い人などは会社から見ると最悪の人種です。

通勤ラッシュを避けるかどうかでこんなに差がつく

ビジネスマンにとって、早起きのメリットは他にもあります。

通勤ラッシュに巻き込まれずに済む。これは大きいメリットです。

私は普段は5時か、遅くても6時には起床し、7時半過ぎには会社に着きます。この時間帯の電車は比較的すいていますから、他人の目を気にせず、ゆったりした気持ちで新聞に目を通すことができます。

朝から通勤ラッシュに揉まれて、新聞も読まずに疲れて出社する人よりも、間違いなく、多くの情報をインプットできる上に、ストレスも少ないでしょう。

通勤ラッシュに揉まれるのか、それを避けるのか。

これは1日単位で見ればちょっとした差ですが、毎日続ければ「チリも積もれば」で、インプットの量やストレスの度合いに、けっこう大きな差がつくと思います。

それから、毎日、早く出勤する人は、上司の覚えがいい！

少なくとも、始業時刻ぎりぎりで職場に飛び込んでくる社員より、はるかに好印象を持たれます。

さらに、先に来た人は、他の人が何をしているかなど始業前に会社で起こったことが分かりますが、ぎりぎりに来る人には始業前に何か起こっていたとしても分かりません。これは非常に大きな差です。

二次会には参加しない

早く起きるには、「夜更かしはしない」が鉄則です。飲み会に参加する機会が多い人はいると思いますが、それは夜更かしする言い訳にはなりません。

私は、1週間のうちに3～4日、多いときは毎日、お客さまとの会食などで夜の予定が埋まっていますが、誰と食事をしても**二次会にはめったに参加しません**。

これを何十年も続けています。

二次会、三次会へとなだれこんで、初めてお客さまと密なコミュニケーションが図れる。そんなのはウソです。

一次会しか参加しなくても、お客さまとの交流は十分に図れます。

楽しくお酒を飲んで帰っても、21時半か、遅くても22時には自宅につきます。

それからお風呂に入って、ブログと日記を書いても、23時過ぎには就寝できるのです。それなら、翌朝5時に起きても6時間は睡眠時間を確保できます。


十分にインプットし、最大のパフォーマンスを出すためにも、「夜更かししない」「早起きする」を習慣にしてください。


POINT!

いつもより少し早く寝てみよう

スタートダッシュ力 4

スケジュールとTODOを区別する

忙しい人ほど、「○時までに、○○をやる」と、やるべきことを時間軸とともにしっかりと把握しています。

スタートダッシュが遅い人は、スケジュールや仕事の所要時間の把握のしかたが曖昧です。曖昧さは不安を生み、「やらなきゃ」という焦りに変わります。

それを断ち切る意味でも、いつまでに何をやるかを認識し、それを念頭に仕事をするのがすごく大事なのです。

例えば、私はついさっき、11時頃まで2時間ほど会社で取材を受けていました。

このあとは、お昼を食べて水道橋に移動し、12時半から17時半まで、企業研修を行います。帰社後は、18時半から新聞のインタビュー。そして、待ったなしで19時から、事務所のセミナールームでの講演が待っています。20時半に終わるので、そのまま懇親会に出席し、21時半ぐらいに解散。これで、本日の業務は終了です。

こんなふうに、今日の予定をすらすら言うと驚く人もいますが、何が予定として入っており、その合間を縫って、何をすべきか、時間軸とともに把握しているので、直近のことなら「○時までにすべきこと」がだいたい頭に入っています。

もちろん、スケジュールは手帳にも書いていますが、前日に、翌日の予定を秘書に最終確認するので、より記憶に残っているのだと思います。そして、スケジュールの合間に、原稿チェックやメールを送るなどのＴＯ ＤＯをこなすのです。

毎朝必ずＴＯ ＤＯリストを作る

今、「予定」とひとくくりにしましたが、予定は、「スケジュール」と「ＴＯ ＤＯ」に分けられます。両者は明確に区別して使い分ける方が、時間のコントロールが上手くなります。

簡単に説明しておくと、スケジュールとは、相手との約束のことで、すでに決まっているものです。

何時から何時まで社内会議、何時から先方で打ち合わせなど日時と場所が明確になっています。先ほどお伝えした私の1日の予定は、すべてスケジュールに該当します。

では、TO DOは何かというと、主にひとりでできる「その日にすべきこと」です。

□〇〇さんにTEL
□メール。〇〇さん、××さん
□新聞切り抜き
□B社、原稿チェック
□原稿、A出版社に送る

これらは、すべてTO DO。スケジュールのように開始時刻や終了時刻や場所は決まっていないことが多いでしょう。日中に突然、思い出したことも、スタッフに頼みたいことも、とにかくそれが今日やるべきことならば、TO DOになります。

私は、毎朝必ず「TO DOリスト」を作っています。

といっても、パソコンを立ち上げている間に、先に述べた通り、「メール。〇〇さん、××さん」などと手帳に書き出すだけですから簡単です。

朝の電車の中や、オフィスに向かう道すがら、「今日、すべきTO DO」をざっとでいいので思い浮かべながら出社すれば、1分前後もあれば書けてしまいます。なお、事前に分かっているTO DOは先に手帳に書いておきます。

隙間時間でこなし、できたものを消していく

TO DOはいつやるかというと、スケジュールの合間です。

私の場合、スケジュールが詰まっていて、5分、10分などの細切れの時間か、飛行機や新幹線などの移動中しか空き時間がないこともけっこうあります。ですから、この間に、一気にTO DOをやってしまうのです。

そして、TO DOをやり終えるたびに、手帳に書いたTO DOを消していく。これはなかなか達成感や満足感があります。

電話をかける、メールをするなどは小さなことでも、やったという実感は明日のやる気へとつながるのです。

もちろん、TO DOを書き出すことで、「やるべきことを忘れなくなる」のは言うまでもありません。

スケジュールとTO DOを把握することは、やるべきことを自分でコントロールするためにまず最低限必要なことなのです。

1日単位のやるべきことを知り、時間配分を考えながらやっていくという経験は、時間をコントロールしている感覚を育てるからです。

これが身につくと、わずかな時間でも最大限に生かそうという意思が働きますから、すぐに仕事に取りかかれるようになるでしょう。

私が監修した『小宮一慶のビジネスマン手帳』（ディスカヴァー21）では、日々のスケジュールとTO DOを一覧で把握できるように工夫しています。興味のある方は手に取ってみてください。

POINT!

毎朝、TO DOリストを作ろう

スタートダッシュ力 5 TO DOは優先順位をつけて取り組む

TO DOの話をもう少し続けます。

今日中にすべきTO DOは、いくつもあります。

必要なことは、何が大事なのか自覚すること。

そのためにも、TO DOリストを作り、優先順位をつけて、その高い順からやっていくと良いでしょう。

慣れないうちは35ページの「**緊急度と重要度のマトリクス**」という便利なツールを使ってTO DOを当てはめてみてください。縦軸が重要度、横軸が緊急度です。

ここで言う緊急度とは、「今日中に、なるべく早くやるべきこと」を指します。

図を見れば分かる通り、右上の「**Ⅰ緊急かつ重要**」なものがもっとも大切なTO DOです。

スケジュールの合間に、真っ先に手をつけるべきものがこれです。

企画書やレポートの締切日なので提出する、突発的なトラブルに対応するなど、今日中に、しかも、少しでも早くやった方がいいものが該当します。

「**2緊急かつ非重要**」とは、今日中にやらなければならないけれど、先ほどのものに比べて重要度は低いＴＯＤＯです。

私の場合なら、先方に講演のレジュメを送る、雑誌に載せる原稿の最終チェックをする、何人かにメールを送るなどです。これらは、空き時間を利用して、どんどん済ませてしまいましょう。

左上の「**3非緊急かつ重要**」と、左下の「**4非緊急かつ非重要**」は、非緊急なので、今日、必ずしもやらなくてもいいことです。

「3非緊急かつ重要」は、私の場合は、新しい本の企画について編集者と打ち合わせるなどが当たります。本の企画を考えることなどは、延ばそうと思えば、いくらでも後回しにしがちですが、私にとってはとても大切な仕事のひとつ。まだまだ良い本をたくさん書きたいと思っていますから、なるべくその日のうちにやるようにします。

「4非緊急かつ非重要」は、例えば、友人への同期会の連絡などです。後回しにして良いものなので、時間がなければ延ばしてしまいます。

緊急度の重要度のマトリクス

	緊急ではない	緊急
重要	3 **非緊急かつ重要** なるべく 今日中にやりたい TO DO ［例］ ・新しい企画の 打ち合わせ ・スキルアップ	1 **緊急かつ重要** 真っ先に 手をつけるべき TO DO ［例］ ・締切直前のタスク ・突発的なトラブル ・重要案件の連絡
重要ではない	4 **非緊急かつ非重要** 別の日でもいい TO DO ［例］ ・同期会の連絡 ・長時間の息抜き	2 **緊急かつ非重要** 今日中にやるべきだけど、 1に比べて重要ではない TO DO ［例］ ・重要ではない 電話やメールの対応 ・報告書作成

ところで、その場の状況によっては、**過度に優先順位にこだわらず、できることからやってしまった方がいい場合**があります。

「緊急度と重要度のマトリクス」をもう一度見てください。

本来、「1緊急かつ重要」なTODOを優先的にやるべきですが、緊急で重要でも、今すぐ手をつけられない場合があります。

例えば、重要案件でお客さまに電話かけるTODOなどです。

私は、朝7時40分には会社に到着しますが、その時間帯は、当然ながらお客さまの出社時刻ではありません。この場合は、お客さまが会社に出社する9時頃までは、他の「1緊急かつ重要」に該当する仕事をするか、「2緊急かつ非重要」の仕事に取りかかっておきます。

要は、先方の事情や都合、その時々の状況などによって、臨機応変に対応すれば良いのです。最終的に重要なのは、優先順位ではなく、**その日にやると決めたTODOをすべてやること**です。

POINT!

優先順位を考えつつ、こだわりすぎない

スタートダッシュ力 6

「集中できる時間」を把握する

集中力がどのぐらいの時間続くかを把握しておくと、仕事の計画が立てやすくなり、スタートダッシュもかけやすくなります。

「はじめに」でもお伝えした通り、私は、月に2回、自社で発行しているメルマガを、調子が良ければ「1200字を、15分あれば書き終える」ことができます。単行本の執筆をする場合は、朝、出社後1時間ぐらい集中すると、最大で4000字ぐらい書き進めることができます。

では、そのまま続ければ3時間で30枚書けるかというと、それはできません。

集中できる時間は、1時間が限度だからです。せいぜい1時間半です。

それ以上、無理にやっても筆は進まず、頭もすごく疲れます。

だから、1時間を目安に、別な仕事に取りかかるようにしています。原稿のゲラチェックの場合は、書く作業ではなく読む作業なので、2時間ぐらい集中して、それ以降は違う仕事をしています。このように、仕事ごとに、自分の集中できる限度をだいたいでもいいので知っておくと〝仕事の終わり〟が見えるので、限られた時間を、より集中して仕事に取り組むことができます。

集中できる時間が過ぎたら、途中でもさっと切り上げる。

そして、他のことをするのです。これも、時間を有効に使う大きなポイントです。ひとつの仕事に取りかかったら、それが終わるまでやりたくなるものですが、それが、だらだらする原因になるのです。「もう少しだけ」と粘ってみたところで、まったくといっていいほど進まなくなるもの。それこそ、時間のムダです。途中でも切り上げて、新たな気持ちでまったく別な仕事に取りかかった方が、はるかに仕事ははかどります。

POINT!

時間が来たら、途中でも仕事を切り上げる

スタートダッシュ力 7

段取り名人になる

スケジュールが過密になり、やらなきゃいけないことが増えてくると、それだけで焦ってしまい、何から手をつけていいのか、どの順番でやればいいのか見えなくなってしまう人がいます。

仕事をスムーズにはじめるために、段取りを考えておくのも大事なことです。

私は、移動が多いのですが、新幹線の中での時間の過ごし方は、自分で言うのもなんですが、かなり段取りが良く、上手に時間を使っていると思います。

さっそく、私の「**新幹線時間活用術**」をご紹介しましょう。

例えば、東京―新大阪間をのぞみで移動するとします。

このとき、やるべきＴＯ ＤＯが、原稿執筆と、メールチェック及び返信だとしましょう。ただし、乗車している2時間30分ほどの間、ずっとＴＯ ＤＯをし続けるわけではありません。お弁当だって食べたいし、休憩もしたい。その日の疲れ具合によっては、電車の揺れに任せて睡眠もとっておきたいところです。

皆さんだったら、こんな場合どうやって2時間30分の時間を割り振りますか？

まずは、ＴＯＤＯをすべてやってしまって、そのあとは自由に時間を使いたい人。その反対の人。様々な時間の使い方があると思います。

もちろん、正解はありませんが、私なら、こうします。

新幹線のアナウンスがほとんど入らなくなり、ワゴン販売もひと段落した頃、すなわち、静かになった頃に眠るのが当然、一番よく眠れます。

私は少々やかましくても原稿執筆ができますから、静かな時間で眠れるように、その他すべてのことを割り振っていきます。

仕事しやすい時間、しにくい時間を把握する

どういうことかと言うと、東京駅から新横浜駅までの所要時間は約15分ですが、その間、品川にも停車するので、車内は、人の乗り降りが慌ただしくてざわわしています。もちろん、アナウンスも頻繁に入ります。約30分後の小田原付近までは、社内販売のアナウンスも入ります。

だから私は、このざわついている間に、メールチェックや返信は一気に済ませてしまいます。そして、原稿も少し手をつけておきます。

この章の最初の「スタートダッシュ力1」で説明したように、「まず、手をつける」のです。新幹線に乗り、座席に座り、パソコンを立ち上げる時間を差し引けば、正味30分ぐらいしか時間はないと思いますが、30分もあればかなりのメールを返信することができる上に、文章を少し書けます。

新幹線活用術・例

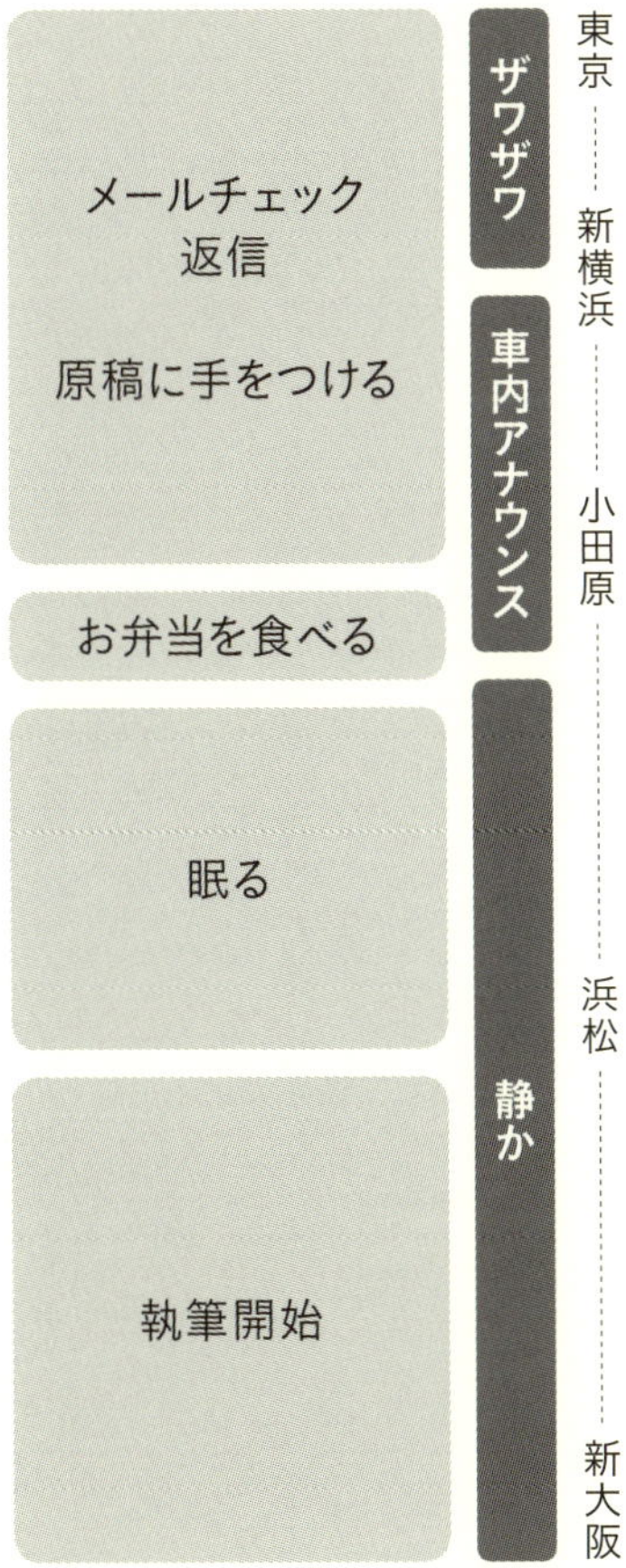

思いついたキーワードの羅列ぐらいもできます。

そのあと、お弁当をそれほど時間をかけずに食べ、しばらく眠ります。

車内は静かになっていますから、寝やすいのです。

30分ほど眠るでしょうか。

そして、浜松駅を過ぎたあたりから、原稿執筆を再開します。

車内販売のパターンもインプット

余談ですが、のぞみは小田原駅には停まりませんが、小田原駅付近で、ワゴン販売をする旨の車内アナウンスが流れてきます。それまではなんとなく落ち着かないので、そこを過ぎてから、少し寝る時間に充てたりしているのです。

これが、アナウンスが頻繁に流れ、人の出入りが激しい新横浜駅までの15分で休憩しようとすると、思うように休めないのです。余計にイライラします。

どうせ同じ時間を使うなら、より有益な使い方ができる方法を考えてください。

POINT!
環境に合わせてＴＯ ＤＯを行おう

スタートダッシュ力 8

「時間があり過ぎる」状況をなくす

パーキンソンの法則をご存じですか。英国の学者、**シリル・ノースコート・パーキンソン**は、自身の著書『**パーキンソンの法則　進歩の追求**』でこう述べています。

仕事の量は、完成のために与えられた時間をすべて満たすまで膨張する。

つまり、仕事をする人は、その量が多かろうが少なかろうが、与えられた時間内でやろうとするということです。

同じ1時間でも、ひとつしか仕事をお願いされていない人はそれだけを行い、10もの仕事をお願いされた人はどうにか1時間で終わる方法がないか算段し遂行するのです。

ということは、**10の仕事を任される人の方が、時間の使い方が明らかにうまくなる**ということになりますよね。

「いつまでに」という制約のある中で、たくさんの仕事をしなければなりませんから、やるべきことを時間軸とともにしっかりと把握し、段取り良く仕事をしています。だから、忙しい人の方は空き時間のわずか5分を使ってでも集中して仕事ができるのです。一方、ひとつしか仕事を任されない人は、多くの場合、なかなか仕事に取りかかりません。

本来、10分の1で済む仕事を10倍かけてやっても終わるのですから、どうしたってエンジンのかかりは遅いのです。それをやっていると能力が上がらないので、余計に仕事を頼まれなくなり、周りからの評価も低いという悪循環に陥ります。

簡単な仕事でもこんなに差がつく

これでは、スタートダッシュは臨めません。時間は〝足りない〟ぐらいでちょうど良いのです。とはいえ、特に若いうちは、簡単な仕事しか任せてもらえず、短い時間で終わってしまうこともあると思います。

このとき大事なのが、**簡単な仕事をいかに深く掘り下げられるかを考えていくこと。**あるいは、**それを質を落とさずにいかに早く済ませるかを工夫すること**です。

例えば、何百枚もの封筒に切手を貼る仕事を任されたとします。

切手を貼る。その行為は誰でもできます。けれど、少しでも効率よく切手を貼るにはどうすればいいかを念頭に置きながら仕事をする人は、封筒と切手、住所をプリントしたシールを置く位置にまで気を配るなど工夫します。

少なくとも、「誰でもできる切手貼りなんてやりたくない」と、イヤイヤ適当に切手を貼っている人より、ひとつの仕事に対する深みやスピードが違ってくるのです。

たかが切手貼り、されど切手貼り。

切手貼りを全力でできる人は、別な仕事を任されても同じ姿勢で取り組めます。

さらに、空いた時間ができたら、自らすすんで仕事に関連する資料や書籍に目を通す、他の人を手伝うなど、有意義な時間の使い方ができます。時間が余っているという状況を作りません。こういう人が周りの評価が高いのは言うまでもありませんね。


誰に頼まれずとも、工夫する、勉強する、早めにやろうと心がける。

こういう人は、そもそも志が高く、「良い仕事をしよう」という思いの強い人ですから、限られた時間で最大のパフォーマンスを出せます。

いずれにしても、切手貼りなどの些細な仕事を全力でやる人と、イヤイヤやる人では、いざ大きな仕事を任されたとき、馬力の差になって表れます。

切手貼りに全力投球してきた人は、それまで2000CCのエンジンなら、いつしか3000CCにも4000CCにもパワーアップしているのです。イヤイヤやっていた人は何年経っても2000CCのまま。

それは当然ながら、仕事の速さや量、出来栄えの差になり、ひいては、給与の差、出世の差になって表れるのです。また、いつも工夫や努力をしている人には大きな仕事をするチャンスが訪れます。そして、そういう人が、そのチャンスをモノにできるのです。

「チャンス」の対になる言葉は、「準備」です。

切手貼りに全力で取り組む、すなわち、目の前にある仕事に全力で取り組む。その行為そのものが、重要な仕事を任されるようになるための準備です。

普段から、多くのことの準備を怠らず、かつ、コツコツと続けてきた人が、ある日、訪れる大きなチャンスをガッチリとつかむことができるのだと思います。

POINT!

チャンスをつかむ人は、常に準備をしている

スタートダッシュ力 9

「ヤル気の出ない机」と決別する

読みかけの新聞や会議で使用した資料、参考にしようとプリントアウトした情報などが置かれ、いつも雑然としている――。

仕事が遅い人の机の上は、失礼ですがたいてい汚いです。

机が汚いと、無意識のうちに仕事をはじめるのに抵抗感が生じ、結果、取りかかるのも遅くなります。また、必要なものを取り出すのにも時間がかかります。

机がきれいか、汚いか。たったこれだけの差が、スタートダッシュに多大な影響を与えます。取りかかるのが10分遅ければ、机がきれいな人よりも、1週間で50分、1カ月で3時間20分ぐらいはロスしてしまいます。

せめて、その日の仕事が終わって帰る前に、少しでいいから片づけませんか。

目の前にペンが何本も転がっているならペン立てに差し込む、すぐに使わないものは引き出しにしまうなど、かける時間はほんの1〜2分でいいのです。

翌朝出社したとき、机の上、少なくともパソコン周りがきれいな状態を保っていれば、ヤル気も湧いてきて清々しく1日のスタートを切ることができます。

パソコンのデスクトップが散らかっているのも同様です。

仕事のファイルは、ひとつ残らずマイドキュメントフォルダにまとめておくべきですが、机が汚い人ほど、高い確率でデスクトップが整頓されていません。

「すぐに使うものだから」とデスクトップ上に保存しているうちに、10以上ものファイルがずらずらと並ぶのかもしれませんが、これはパソコンのパフォーマンスが落ちる要因のひとつにもなってしまいます。

パソコン動作の鈍さは、仕事の鈍さに直結するのです。

POINT!

手っ取り早くやる気を出すなら、机とデスクトップを整理！

スタートダッシュ力 10

いらないものを捨てる

机の上をきれいに保つには、とにかくいらないものを捨てること。例えば不要なものをチェックする「捨て日」を作ってみませんか。

私は、空き時間でとりあえず何もすることがないときは、机周りの整理をします。いつか読もうとプリントした資料や購入した雑誌が、いつしかタワーのように机の上に山積みされることはよくあります。

しかし、それらが今後読まれる確率は限りなく低いと言えます。

資料は、半年間を目安に捨てていきましょう。

あなたの机の上にあるその資料も、半年間見ていないなら、躊躇なく捨ててください。これから使うことはまずありませんから。

私は、様々な会議に出席するので、そのたびに資料をいただきますが、**インターネットで調べられるような資料であれば捨てる**ようにしています。重要書類はシュレッドします。でなければ、資料だけでそこら中が埋まってしまいます。

少なくとも、机の上からすぐに必要ないものを取り除くだけでも、効率とやる気が格段に変わります。

「とりあえずプリントアウト」はやめる

捨てる以前の話として、「とりあえずプリントアウト」という姿勢は改めるべきだと思います。特にネットで情報収集する際、調べたものを即座にプリントする人がいますが、それが本当に必要なものか、立ち止まって考えるべきです。

ネット上で閲覧して済むならブックマークするにとどめる、頻繁に使いそうなものだけ厳選してプリントするなど、重要な情報だけを取捨選択します。

そうしないと、プリントするたびにその時間も、紙代もムダになり、おまけに、机の上のものがどんどん増えて仕事の能率もガタ落ちになってしまいます。

私は、日銀、官公庁、各企業が持っているデータベース、各社の財務諸表などのサイトに頻繁にアクセスすることはありますが、その情報をプリントすることはあまりありません。そこにアクセスさえすればいつでもデータは見られるので、プリントしないと不便だと感じることも特にありません。

不要なものの「捨て日」は、はじめは週に1度ぐらいのペースで実行してください。

これまで机が汚かった人は、最初は捨てるものが多く、いかにムダが多かったか自覚できると思います。

この「自覚する」というのが大事で、ムダなもの、ムダなことを意識するようになれば、それを省こうとする意志が働きますから、だんだんと余計なものは減っていきます。

一掃処分してきれいになった頃からは、1カ月に1度ぐらい、適宜捨てるモノがないか確認する程度で十分だと思います。

POINT!

「捨て日」を作ろう

スタートダッシュ力 11

情報はすぐに取り出せるように整理

仕事で使う資料を保管するとき、皆さんはどうしていますか？

ファイリングしている人もいると思いますが、いざ、目当ての資料が必要になったとき、いくつもファイルがあって、どのファイルに保管したのか分からなくなる人も多いようです。

ファイリングするのは、きれいに整頓するためではなく、効率よく仕事をするためです。にもかかわらず、ファイルそのものを探すのに手間取るなんて本末転倒。しかし、仕事をするとき、多くの人がモノ探しにかなりの時間を割いているのです。

スムーズに仕事をはじめるには、何が、どこにあるのか、きちんと把握しておくこと。つまり、「**すぐに取り出せる**」**ようにしておく**のが大切です。

私は、資料を保管する際は、ファイリングだけに頼らず、クリアファイルも活用することが多いです。例えば、「マクロ経済」「財務会計」などとテーマに分け、さらに、「マクロ経済」の中でも、「今すぐ必要」なファイルと「数か月以内に必要」なファイルを用意して、そこに関連資料をどんどん放り込んでおきます。クリアファイルは外から中身がすぐに分かりますし、すぐに取り出せるので重宝します。

机の上も大切な情報スペース

机の上も活用できます。

月曜日の日本経済新聞に掲載されている景気指標は、私にとって大切かつ頻繁に閲覧するものなので、一部過去のものを机の上に置いてあります。

また、日経新聞を読んで気になったマクロ経済の記事は、その個所のみ切り取って、磁石つきのマグネットクリップにはさんで、キャビネットに留めています。60枚ぐらいは留まるので、それ以上になったら捨てるようにしています。これなら、目につくところにあって、気になる記事はパラパラめくればすぐに出てくるので便利です。

もちろん、ファイリングしなければならないものもあります。

例えば私の場合なら、終わった講演の資料や研修の資料などは、ファイリングして保管しておくべきもの。ファイリングそのものは、資料やレジュメの原型を作ってくれるスタッフに任せています。資料のありかはそのスタッフに聞けば分かるので、自分では把握していません。

目次ページをコピーしてキーワードを探す

最後にもうひとつ、雑誌のファイリング方法のコツをお話しましょう。

私は、『ニューズウィーク 日本版』と『日経ビジネス』を購読し、3年分のバックナンバーを書庫に保存していますが、秘書には、**目次部分のページだけをコピーしてファイリング**してもらいます。

そして、例えば、「トヨタ自動車」というキーワードで調べたいことが出てきたら、目次のファイルを調べ、「トヨタ自動車」と記述のある見出しを探してもらいます。見出しを見れば中身はおおよそ判断つきますから、あとは、バックナンバーから該当記事のある雑誌を探せばOK。

もしここで、膨大なバックナンバーを1冊ずつペラペラとめくっていたのでは、いくら時間があっても足りません。ちなみに、雑誌本体は、3年経ったら順次捨てています。目次のコピーは3年経ってもとっておき、いざ必要になったら、図書館に行ってバックナンバーを入手するようにしています。

POINT!

マグネットクリップ、目次コピーで情報を取り出しやすく!

第2章

もっと
効率的に、深く
理解する！

「読む」を
最速化する技術

どうすれば、質の高い仕事を「速く」やれるのか？

1章では、スタートダッシュのコツをお話ししましたが、では、実際の仕事そのものを速くするにはどうすれば良いでしょうか。

結論から言うと、身もフタもない言い方ですが、経験を積むしかありません。**速さは、経験値に比例する**からです。

「ならば、何年も仕事をすれば誰でも自然に速くなるの？」というとそれは違います。いつまでたっても、上司に言われた仕事を右から左にやるだけの人は、野球に例えるなら、ストレートのゆるい球しか打てない人。ちょっと速い球や変化球が飛んできたら、まったく太刀打ちできません。こういう人には、上司だって、怖くて責任のある仕事を任せたいとは思いません。すると、同じレベルの仕事を延々と行い、量もたいして増えませんから、速くなりようがないのです。

ここで思い出してほしいのが、「はじめに」でお伝えした、**仕事は良質なアウトプットがすべて**という話です。どんなに仕事が速くても、中身が伴わなければ誰も評

経験曲線

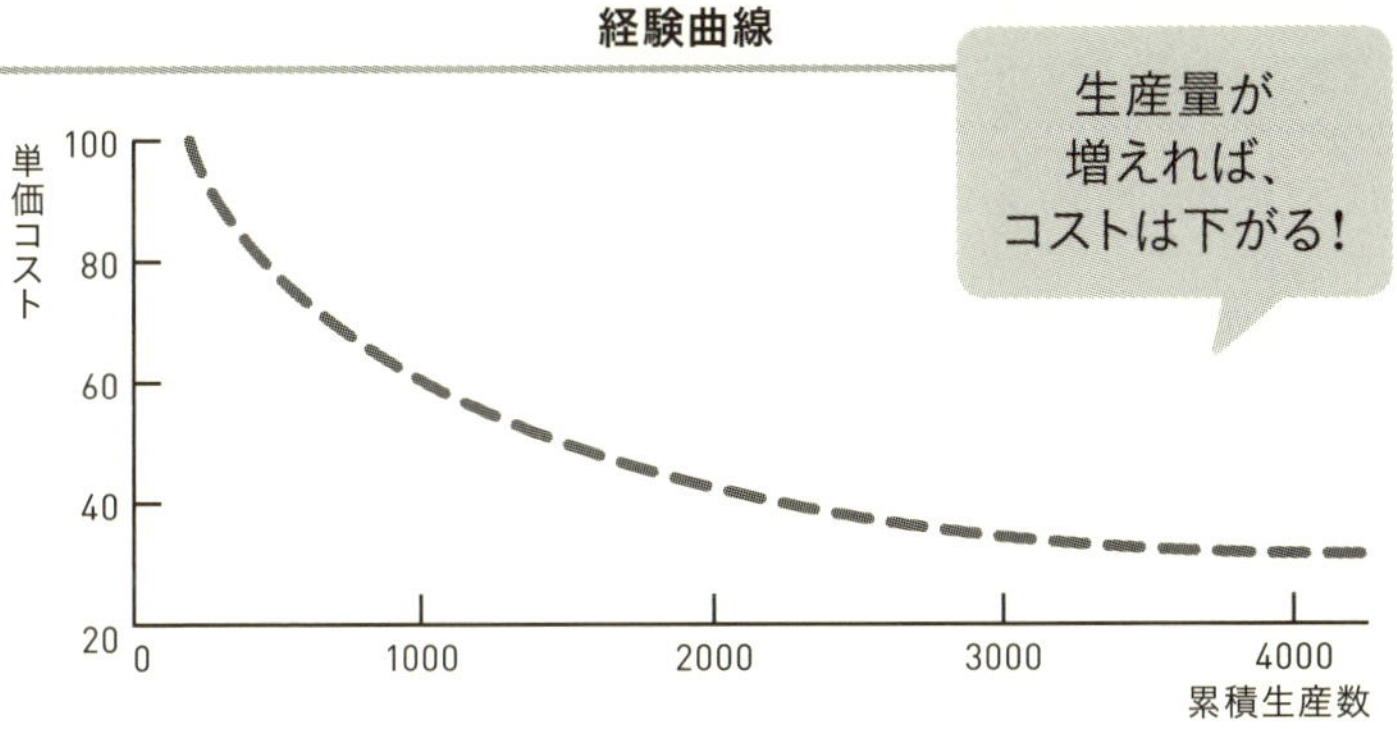

価してくれません。だから、仕事を速くしたいなら、**単に経験を積むのではなく、まずは良質なアウトプットを出し続ける**という経験を積んでください。そしてそれを徐々に速くやるように工夫していく。

そうすれば、だんだんと任される仕事が増え、責任の範囲も広がり、おのずとスピードアップして対応できるようになります。

もちろん、「速い上に、良質なアウトプットを出す」のが最強の仕事術ですが、経験の浅いうちから、いきなりそのレベルに達するほど仕事は甘くありません。

「経験曲線」をご存じですか？

これは、ある製品の生産量が増えるにつれて生産性が向上し、その分、コストを下げられるというパターンを示す曲線です。別名

「学習曲線」とも言われ、仕事にも応用して考えることができます。仕事の作業量が増えても、経験が積み重なることにより生産性が向上し、結果的に効率が高まるということです。

明日、突然、仕事が速くなるわけではありません。

でも、良質なアウトプットを出し続けるという経験を積めば、速さだけを追い求めてきた人より、仕事は速くなり、かつ、質の高い仕事がたくさんできるようになります。

これから述べることを今日から実践すれば、そうですね、1年もしないうちに、できることがはるかに増えた、時間を効率よく使えるようになったなど、何かしらの〝手応え〟を感じられると思います。

だから、まずは1年。急がば回れの精神で良質なアウトプットにこだわることです。

POINT!

「クオリティ」にこだわることが、「最速化」への近道

土台を固めれば、仕事は一気に速くなる！

では、そもそも、良質なアウトプットのためには何をすれば良いのでしょうか。

61ページの図を見てください。

特にホワイトカラーの職種では報告やプレゼンをはじめ何らかのアウトプットが必ず求められますが、「アウトプットだけ」を意識してもなかなか力はつきません。「書く」「話す」「まとめる」などのアウトプットには、インプットが欠かせないからです。

「読む力」や「考える力」というインプットに磨きをかけることが、良質なアウトプットにつながるのです。

いずれも一朝一夕で身につくものではありませんが、これらができるようになれば、間違いなく仕事は速くなります。

インプットに磨きをかけると、頭を良くする基礎ができあがります。

そして、正しいインプットの方法で良質のインプットを続ければ、必ず頭が良くなります。

つまり、まず、最初にインプットのやり方を変えることが、あなたの頭を良くするのです。

その方法をマスターするために、時間を少しかけることが、その後の人生のアウトプットの質を高め、時間の大きな節約になります。

ここでも急がば回れです。

少しの時間を最初にケチると一生損をします。

インプットの方法をマスターすると、頭が良くなりますから、本質をサッとつかみ、迅速に理解・判断して対応できる＝良質なアウトプットが出せるようになる。

それが結局は、仕事を速くする最短コースになります。

さっそく、インプットのひとつ「読む力」について、そのポイントを見ていきましょう。

POINT!

アウトプット力を高めるため、まずはインプット力を磨く

良質なインプット

読む力をつける
▶ P.55

考える力をつける
▶ P.105

↓

良質なアウトプット

書く力をつける
▶ P.157

↓

仕事が速くなる！

理解する

「読む」なんて、わざわざ取り上げるまでもないと思う人はいるかもしれません。
確かに、国語を習った人なら誰でも「読める」はずです。
では、ためしにやってみてほしいことがあります。

1 ビジネス書を開いて、数ページ程度で構いませんから文章を読んでみてください（本書の「はじめに」でもかまいません）。

2 そして、いったん本を閉じ、何が書かれていたか、その要点を100字ぐらいで簡潔にまとめてください。

結論を先に言うと、意外に書けない人は多いです。
私の会社で以前、働いていた人に、何かを読んでそれについて説明を求めると、詰まってしまうことがありました。

どうして、今読んでいるものなのに、書けない、説明できないなどということが起こるのでしょうか。答えは簡単です。

理解していないからです。

分かりますか。

読む力というのは、すなわち、理解する力です。

本質をつかむ力とも言えます。

そこに書かれている筋道や道理が分かり、正しく内容を理解して初めて「読めた」と言えます。単に文字を追っただけで読んだとは言わないのです。

本当に理解できていれば、自分の言葉でその内容を話す、書くなどといったアウトプットができるのです。

だから、学生時代に、同じ教科書を読んで勉強しているはずなのに、試験では、0点の人と100点の人が出るのは理解の差です。

理解の度合いが点数に反映されるのです。

暗記はその場しのぎにしかならない

ただし、100点を取った人の中には、理解度が高いのではなく、記憶力に頼って丸暗記しただけ、というケースはあるかもしれません。

しかし、こういう人は、その場のテストではどうにかなっても、本質はつかめず、応用もききませんから、いずれ「バカの壁」にぶち当たります。

つまり、社会人になって仕事が複雑になってくると、太刀打ちできなくなってしまうのです。

暗記は、仮に点数が取れても、その場しのぎにしかなりません（だいたい、暗記で点数を取れるような問題を出す教師の質は低いと言えます。本質についての理解力をためす問題を出さなければダメなのです）。

Easy come, easy go.
簡単に得たものは簡単になくしてしまうものです。

私は、明治大学の会計大学院の特任教授として、4年間、教壇に立ちましたが、このとき、生徒によくこう言っていました。

「暗記するよりも、理解しよう。理解すれば、結果として点数も上がるから」と。

表層だけをなぞるのではなく、内容をきちんと理解すれば、論理レベル（論理的に物事を理解する力）は高まります。

論理レベルが上がれば、試験であれば、高得点に反映されますし、仕事であれば、良いアウトプットにつながるのです。

そのためにも、まずは「読む力」をつけましょう。

「読む力」とは、単にさらっと読むのではなく、「理解する力」だということを認識してください。

読んだことを自分の言葉でアウトプットできるというのが理解したということです。

POINT!

短い文章を読んで、自分の言葉で説明してみよう

「読む」を最速化 2

基本的な知識を得る

「読む力」を高めるには、まずは基本的な知識を得ることです。

これが欠かせません。

本を読んでいても、その内容に関して知識があるほど、スムーズに読めるし理解も深まります。

少し、実際の問題で考えてみましょう。次の一文を読んでください。

アメリカでは、個人金融資産の5割以上を「投資」が占めている。

多くの人はこのことをどこかで聞いたことがあると思います。

少し知識がある人なら、そもそも**個人金融資産とは、「個人が所有している金融資産の合計」で、株式や投信などの「投資」以外にも、銀行の預金や保険、個人年金な**

ども含まれていることを知っています。

もう少し知識のある人なら、**アメリカが「投資」が5割以上占めているのに対し、日本は投資は少なく、代わりに現金や預金の資産が多い**ことを知っています。

このぐらい知っていると、

1 「投資」が5割ならば、アメリカの現金や預金の割合は何％だろう？
2 日本の個人金融資産の分布はどうなっていたっけ？
3 アメリカと日本の個人金融資産を比較してみようか

など、枝葉の部分に関心が向くようになります。

このレベルに達することはもちろん悪いことではありません。

こうした知識はあるに越したことはありません。知識は役に立ちます。

まずは自分の仕事に直結する知識を身につける

ただし、手当たり次第に吸収する必要もありません。

自分の仕事に直結することから、ベースになる知識を身につけておけば十分です。

電気技師の人が、電気工学に関する知識を深めれば、それは、即、仕事の質に直結しますよね。仕事に生かせれば、大なり小なり手応えを感じますから、より知識を深めようと思えるため、さらに必要なインプットがどんどん入ってくるのです。

知識を得るというのは、暗記をすることではありません。

数字から何から、とりあえず丸暗記すればいいというのは間違っています。本や新聞などを読むのは、そこに書かれていることを覚えるために読むのではなく、理解する、ひいては良質のアウトプットを出すために読むのです。

仕事に関連する専門用語、しくみや手順、概略などは、知っていた方が理解しやすいことは多いでしょう。だから、知識を得るのです。理解したものは、自然と頭に入ってきます。そうでないものは、逆に、本当の意味では理解していないのです。

暗記とはまったく違うことを、改めて認識してください。

話を戻して、先ほどの「**アメリカでは、個人金融資産の5割以上を『投資』が占めている**」という一文が本当かどうか、簡単に確認しておきたいと思います。

次ページの家計の資産構成図を見てください。

家計の資産構成【日本・米国】(2011年9月末)

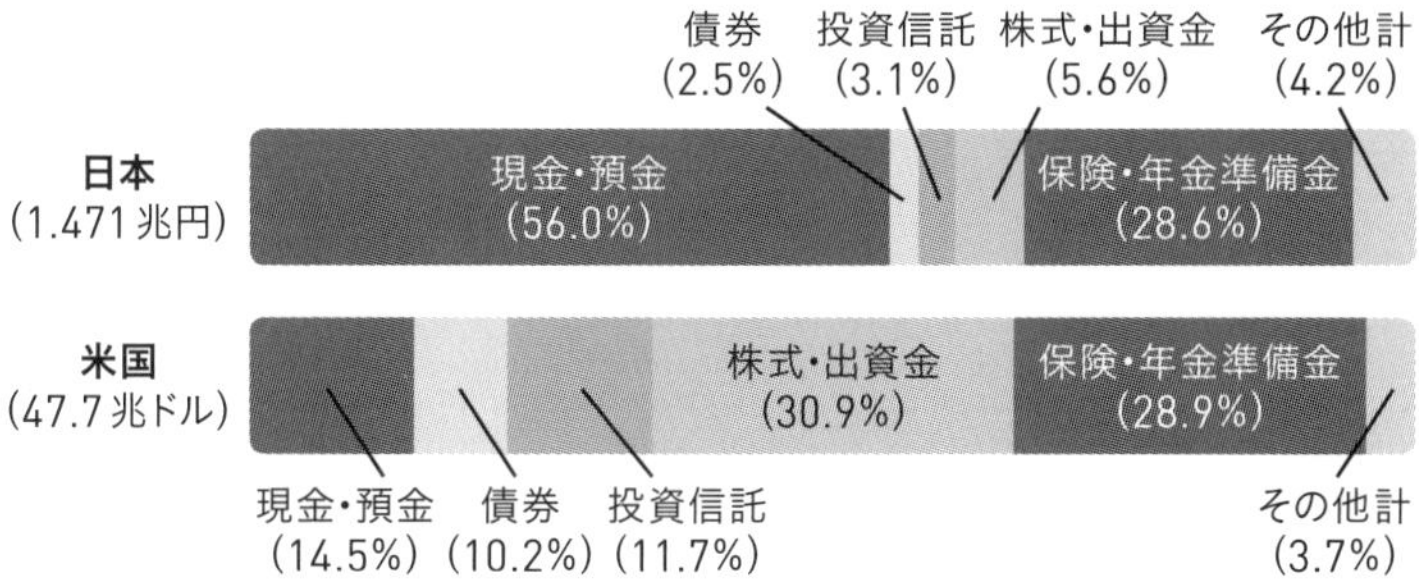

出所：日銀　資金循環の日米欧比較（2011年12月）

〔米国〕のグラフを見ると、「株式・出資金」「投資信託」「債券」などの、いわゆる「投資」の数字を全部合わせると、52・8％なのが分かります。全体の5割以上を占めていますよね。このことから、**「アメリカでは、個人金融資産の5割以上が投資だ」という一文は、確かに正しい**と結論づけることができます。

常識を疑う

せっかくですので、ここはもう一歩、踏み込んでみましょう。ここからが大切です。

アメリカの投資の数字は5割以上も占めていますが、深堀りすると意外なことが分かります。

日本のグラフを見ると、「投資」の数字は、全体（1471兆円）の11・2％しかありませんよね。

この数字だけを見ると、**アメリカの株式保有率はかなり高く、日本はだいぶ低く見えますね。けれど、実態はそうではない**のです。

調べてみたところ、アメリカは、**保有資産上位1％の人が、全株式の50％程度を保有していた**からです。保有資産上位5％で見ると、実に80％程度を保有しています。

要するに、**株式を大量に保有しているのはごく一部の富裕層**。富裕層が、アメリカの家計の資産構成の「投資」の割合を押し上げているという見方ができるのです。アメリカ人全体が株式を大量に保有しているわけではなく、ごく一部の人がほとんどを所有しているのが現実なのです。

日本はどうかというと、保有資産上位5％が、全株式の50％程度を保有しています。ここで注目したいのは、下位50％の人に限って見た場合でも、9％も保有しているということです。アメリカが0・6％なのに比べ、格段に高い数字です。

さらに、上位から下位までならしてみると、「**1株以上の株式を保有している人**」**の比率は、アメリカと日本では実はそれほど変わらない**。

こんな結論が見えてくるのです（「証券アナリストジャーナル」2006年8月号松浦克巳広島大学大学院教授の論文を参考）。

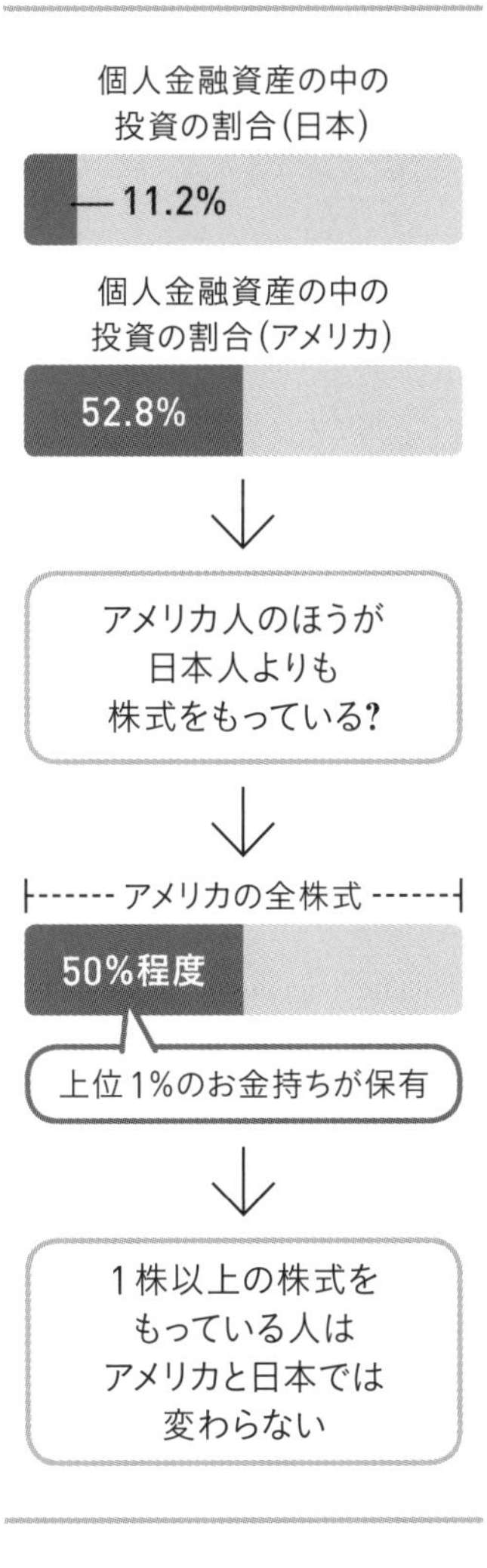
個人金融資産の中の
投資の割合(日本)
11.2%
個人金融資産の中の
投資の割合(アメリカ)
52.8%
アメリカ人のほうが
日本人よりも
株式をもっている?
アメリカの全株式
50%程度
上位1%のお金持ちが保有
1株以上の株式を
もっている人は
アメリカと日本では
変わらない

どうですか。

「アメリカでは、個人金融資産の半分以上を投資が占めている」という一文を読んだだけで、自分も株式を持たなければと思ってしまったら、大きな間違いを起こすかもしれません。深掘りすると違う面が見えるということを知っておいてほしいのです。

知識を得て、さらに、常識を疑って深くものを考えることが必要なのです。

POINT!

大事なのは基礎知識をおさえることと、常識を疑うこと

複雑なことは複雑なままとらえる

本や新聞を読むときは、文章に書いてある事実をそのままとらえることが大切です。

「駅から3キロある」と書いてあるとき、「3キロもある」と考えるのと「3キロしかない」と考えるのでは、文章の意味は大きく変わってしまいますよね。

ですからまずは、こうした自分の感覚や価値観は交えずに、そのまま読むことを意識してください。

そのまま読むためには、謙虚さが必要になります。

謙虚さがないと、自分の意見が絶対だと思いやすく、**バイアス（偏見）をかけてモノを見てしまいがち**。同じ3キロと言われても、毎朝10キロ走っている人にとっては、駅から3キロはたいしたことのない距離ですが、足腰の弱ったお年寄りにとって駅から3キロは相当遠いはずです。謙虚さのない人は、主観的にしか考えませんから、3キロが近いと思い込んだら最後、バイアスがかかり、3キロが遠い人もいる事実を認めようとはしません（あるいは、気づきません）。

こういう人が文章を読むと、間違った解釈をしやすくなり、しかも間違っていることに気づかないまま、間違ったインプットをすることになりかねません。だから、重要なのは、まずは事実をそのままとらえることです。

「分かった気になる」ことは危険

1と0の間には、0・33もあれば0・75もありますよね。

このとき、0・33は0・33のまま、0・75は0・75のまま、そのままとらえることが大事です。

複雑なことを、複雑なままとらえるのは、物事の本質をつかむ第一歩です。

しかし複雑になるほど、ものごとを複雑に考えられない人は、「0・33は0、0・75は1と単純化して解釈してしまいます。その原因は知識不足、理解不足のことも少なくありません。小数点以下の数字の存在を知らなければ、0・33は0としか認識できません。

日常英会話が少しできる程度で海外旅行に行くと、現地の人の英語が少し複雑な表現になるとほとんど理解できません。でも、分からない人は、聞き分けられた単語だけをつなぎ合わせて、分かったような気になることも少なくありません。これは英語の知識不足、理解不足によるものです。これは0・33を0と解釈するのと同じです。プライベートな旅行ならそれでいいかもしれませんが、ビジネスシーンで使う英会話で都合よく解釈してしまうと、致命傷になる可能性があります。

英語に限らず、通常のビジネスでもそうですね。

分かったことだけをつなぎ合わせて分かったフリをするのは危険です。

謙虚な気持ちで素直にモノを見て、そのまま理解するとともに、知識や理解力を高めないと、複雑なものを複雑なまま見ることはできません。そのためには普段の勉強が欠かせないのです。

POINT!

バイアスを手放し、知識や理解力を高めれば、本質が見えてくる

「読む」を最速化 4

新聞でインプット力を養う

毎日、新聞を読むのは、頭を良くする最短の方法です。

最近は新聞を読まず、インターネットのニュースのヘッドライン記事だけをチェックして済ます人も多いと思いますが、すごくもったいないと思います。

新聞を読み慣れていないという人は、まず一般紙を読んでください。そして、ビジネスマンなら日本経済新聞にも挑戦してみてください。

一般紙では社会全体のニュースなどを知ることができますし、経済紙では経済や金融の動向、企業活動についての情報を得ることができます。

見出しだけでも一面から順番に読む

新聞を読む上では、次のことを心がけてください。

一面から読むこと。

なぜなら、新聞社は、読者に知ってもらいたい順番でトップ記事から紙面の配列を行っているからです。一面をざっと見たあとは、テレビ欄、スポーツ欄など興味のあるページに移動してそれを読むだけという人がいますが、それでは、関心の幅が広がりません。

大事なのは、皆さんの関心を、社会の関心事に合わせることです。
だから、一面から順番に読むべきなのです。

社会の関心事に合わせれば、ビジネスの感度は高まり、良質なインプットを増やすことにつながります。皆さんの関心など社会は全く興味のないことなのです。社会の関心事に自分の関心事を合わせられる人が、最終的に社会で成功する人です。
慣れないうちは、見出しだけでもいいので、一面から順に飛ばさずに読むクセをつけてください。すると、政治、経済、国際情勢などがいやでも目に入ってきます。

気になる記事は、冒頭と最後だけでも読む

その中で、見出しを見て気になった記事が出てきたら、本文中の冒頭の数行と最後の数行だけでもいいので読んでください。冒頭を読めば、記事の概要が把握できます。ただし、新聞は、最後の数行で書き手の意見や疑問点、今後の展望が述べられていることがあるので、そこもチェックしておきます。

また、新聞は図やグラフがついていることが多いですよね。それらも適宜活用しながら読むと、より効率よくインプットできます。

朝食をとりながら読売、電車の中で日経

私は、自宅では、日本経済新聞と読売新聞を購読しています。

朝、起きて新聞を取りに行くのは私の役目なのですが、このとき日経の一面トップ記事の見出しと、右下にある「WORLD MARKETS」欄をちらりと眺めて部屋に戻り、朝食を食べながら読売新聞を読みはじめます。読売新聞は、朝食をとりながら、テレビのニュース番組を見ながら、ほぼすべて読んでしまいます。

読売新聞を先に読んでおくと、そのあと通勤電車の中で日経新聞を読む効率がアップします。経済や政治のニュースの概略がすでに頭に入っている状態で読めるからで

す。日経新聞は、通勤電車内でほぼ全部読み終えます。自宅の最寄駅から新宿までは15分、そこからＪＲに乗り換えて7分、ホームで電車を待つ時間を含めて、トータルで25分ほど。その間に、一面から最後のページまで全部読み終えてしまいます。

興味のある新聞記事をブックマークする

読み方は、先ほどお伝えした通り、見出しはすべて見ます。その中で興味のある記事を読みます。あとで役立つと思った記事を見つけたら、〝ブックマーク〟しています。

といっても簡単なもので、記事の上端を切って、旗のように立てておくだけです。

これなら、わざわざペンなどを取り出す必要もないので便利です。

ブックマークした個所は、会社に出勤後、切り取るか、ビジネスマン手帳に気になったことを書き写します。その後、会社でとっている日経産業新聞にざっと目を通します。

その他の新聞は、出張先で宿泊するホテルや、移動中の飛行機の中で、朝日新聞や産経新聞、毎日新聞、地方紙などに目を通すことがあります。同じテーマを扱ってい

新聞記事をブックマーク

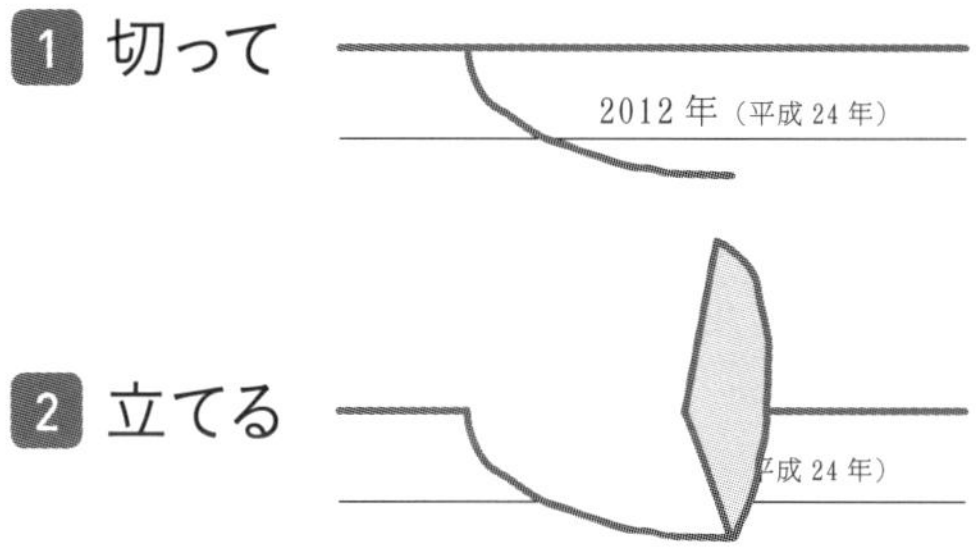

ても論調が違うことがあるので、それの読み比べに最適です。

特に、顕著に違いが現れるのが社説。

同じテーマの文章でも、1社の社説を読んだだけでは分からなかった事実や見解が、別の1社の社説を読むことで初めて見えてくることがあります。複数紙の読み比べは、様々なモノの見方があることを知る上ですごく勉強になるのでおすすめです。また、自分と持論の違う論調を読むことは、謙虚さや忍耐力を養うのにも役立ちます。

POINT!

新聞は見出しだけでもいいので、一面から飛ばさず読もう

「読む」を最速化 5

新聞記事の「その背後」を読み解く

私は日経新聞の読み方に関する講演を依頼されることがあります。日経新聞の愛読者の方から、「目から鱗が落ちた」と喜んでもらえたことは一度や二度ではありません。当たり前ですが、日経新聞の記事を単に声に出して読み上げる講演ではありません。

その日の新聞記事を題材に、様々なものを「**関連づけ**」ながら、記事に潜む問題点や、社会的、経済的な背景などを解説しているのです。これはもちろん、新聞だけでなく、本を読むときにも大いに役立つ読み方です。いろんなものを関連づけながら読む……そういう読み方ができるようになると、「論理レベル」は上がり、確実に良質なアウトプットに結びつきます。仕事も断然、速くなっていくはずです。

本来、新聞を読むのはすごく面白いんです。

ひとつの新聞記事から、いろいろなことを関連づけて読んでいけば、その背景にあるダイナミックな世界経済の動きまで見えてくるからです。

実際の日経新聞の記事をひとつ取り上げてみます。

中小企業、海外に集団進出
浜松市・群馬県など集積地　円高・大手展開で、自治体も支援
　円高や大手企業の海外シフトを背景に中小企業が海外進出を加速する。浜松市など産業集積地の中小企業が相次ぎ新興国に「集団進出」し、単独での進出も急増している。これまで地元企業の流出阻止に懸命だった自治体も国内拠点の存続を条件に中小の海外進出を後押し始めた。政府も日本政策金融公庫の融資制度拡大などで支援する。（2011年10月31日付　日本経済新聞朝刊より）

　記事の主旨は、「中小企業の海外進出を、自治体などが支援する」になります。

　ここで、考えたいのは、**なぜ、自治体が中小企業の海外進出を後押ししはじめたのかという点です。**

　事実をあるがままとらえたら、それに関して、「なぜ？」「どうして？」と疑問に思うことが大切です。それが、物事を深掘りすることにつながっていくからです（このことについては、3章で詳しく説明します）。

　この記事でキーワードになるのは、「**円高**」です。

10月26日、円相場が一時1ドル＝75円台という戦後最高値を記録しました。ニュースでも大きく扱われましたから、皆さんもご存じですよね。

この超円高のあおりを受けた多くの企業が海外進出を考えていて、自治体もそれを推し進めているということになります。

「これまで地元企業の流出阻止に懸命だった」と記事にもある通り、本来、自治体は、地元企業の海外進出には消極的です。なぜなら、海外へ行ってしまったら、税収は減り、その会社を支える多くの地元関連企業は売上げが減ってしまいますし、従業員やその家族を対象とする小売りやサービス業も大きな影響を受けてしまうからです。

しかし、地方の自治体はそうは言ってはいられないところまできているのです。超円高で地元企業が弱体化、あるいは廃業、倒産してしまうぐらいなら、海外進出を支援して生き残ってもらいたいと思っているわけです。そして、「国内拠点の存続を条件に」というところがこの記事のキモで、ここを読み飛ばしては読んでいないのと同じです。国内雇用や税収を守らなければ、自治体には意味がないことだからです。

国内企業の拠点が海外に移転することで、国内産業が衰退していくことを「**産業の**

空洞化」と言いますが、まさに今、産業の空洞化は加速しているのです。

さらに、この記事を読んで、企業の海外進出の状況を数字で示す「直接投資」のことを思いついた人は、一歩進んだ関連づけのできる人です。

さらには、それに関連して、新聞の海外進出の記事だけでなく「最近は、海外企業の日本への進出の記事をほとんど見かけないな」と思える人はすごいです。新聞に取り上げられている記事だけでなく、「見かけないこと」を見出せるようになると、かなりの読み手です。

と、こんな具合に、「**中小企業、海外に集団進出**」という新聞記事から、**円高、雇用、税収、産業の空洞化**などを「**関連づけ**」していけば、その背景や問題点などが見えてきます。

いきなり関連づけしながら読むのは難しいと思いますが、毎日、新聞を読んでいれば、一見関係なさそうな記事同士の共通点を見つけられるなど、少しずつ、深く読むことができるようになると思います。これは先ほども述べたように、本を読むときも同じで、それまでの自分の知識と関連づけしながら読むクセをつけることが大切です。

POINT!

ものごとを様々に関連づけしながら読む

「読む」を最速化 6

気づいたことはすかさずメモする

新聞を読んでいて、分からないことが出てきたら、すぐに調べる。

これは、66ページでお伝えした基礎知識を身につける上での基本動作になりますから、必ずやってください。

先ほどの新聞記事をもとにした話で言えば、

「円高」

「日本政策金融公庫」

「産業の空洞化」

などの言葉です。

自分ではなんとなく分かっていたとしても、意味をきちんと他人に説明できない状態では、知識が身についているとは言えません。

基礎的なキーワードであっても、ちょっとでも曖昧な言葉は調べるクセをつけてください。

メモでアウトプットしながら読む

また、気になったことが出てきたら、それをすかさずメモする習慣もつけてください。1日ひとつでもかまいません。

例えば、「自治体　海外進出後押し」などとメモします。できれば、数字をメモするのが一番勉強になります。

私は手帳にメモしています。簡単に見返すことができるからです。私のセミナー受講生の中には、それ専用の小さなメモ帳にメモしている人たちもたくさんいます。メモするということは、何かしら関心があるということです。

記事のメモを続け、時々それを見返すことにより、自分の頭の中が整理でき、専門分野がどんどん広がり、深まっていくのです。

POINT!

「調べる」「メモする」クセをつけよう

「読む」を最速化 7

「速読」で情報を拾い読み

新聞に続いて、本を「読む力」を磨いていきます。

私は、読書法は、目的別に、「速読」「通読」「熟読」の3つに分けることができると思っています。

順を追って説明していきましょう。

まず「**速読**」。「速読」は、皆さんが認識している「速く読めればそれで良し」とする速読とは違います。速く読めても、仕事が速くなるわけではありません。

速読の目的は情報の要点を短時間ですばやく拾い読みするためのものだと私は解釈しています。私の速読は、目的があっての読み方です。目的とは講演や会議、文章を書くための情報が欲しいなどです。目的もなく、一般情報を得るための速読はしません。

必要な情報を早く欲しいという読み方なので、自分にとって必要な個所のみ読んで、それ以外は捨てる読み方です。

書籍なら、まず最初に目次、章や節のタイトル、各章や各項目の冒頭、「はじめに」「あとがき」などをざっと見て、捨てる個所＝読まない個所を決めていきます。

もちろん捨てる個所を間違えると、欲しい情報が得られません。ですから、速読する場合は、**速読したいことに関して、ある程度、知識があるのが前提**になります。

私の仕事で言えば、役員会では定款《ていかん》の変更といったことが議題に上がることが少なくありませんが、私は、定款の枠組みやその内容に関する知識があるので、その場で手渡されても、数十ページの資料を即座に要点だけ読むことができます。

こういう資料や情報などは、知識があれば、速読に向いていると思います。

ただし、速読はあくまでも情報を得るのが目的。

「論理レベル」を高め、良質なアウトプットにつなげたいのなら、これからお話する「通読」や「熟読」からはじめてください。

POINT!

「速読」とは情報を、「選んで」「すばやく得る」こと

「通読」で論理レベルを押し上げる

「通読」は、本のはじめから終わりまで、すべて読む読み方です。

当然ながら、単に1冊読むだけでは意味がなく、内容をきちんと理解して初めて、良質なアウトプットに結びつきます。

私は、通読を2種類に分けています。

「通読Ｉ」は、読書を楽しむ、全体像をざっとつかむ、ある一定の知識を得るのを目的にした読み方です。

専門知識がなくても、1回通して読めばだいたい理解できるような小説や、ビジネス書の中でも、比較的易しい入門書などを読むのに適しています。

「通読2」は、論理的思考力を高めたり、自分の考えをより深めたりなど、学習することを目的にした読み方です。

ビジネス書の中でも、専門書を中心に読むことになりますから、慣れないうちは難しいと感じるかもしれません。

つっかえるところもたくさん出てくるので、分からない個所、気になる個所には、線を引いたり、重要だと思うことは、本の余白部分にメモしたりして読んでいきます。

もちろん、本の他の箇所での参照が出てきたら、それも押さえながら、丁寧に読んでいきます。

通読といっても、けっこう丁寧な読み方です。

私がおすすめしているのは、後者の「通読2」です。

若いうちから、自分の仕事に関する専門書などをきちん読んでおけば、その後に読んだ本の大意もつかみやすくなり、論理的思考力がかなり鍛えられると思うからです。

書き込みながら、読んでいく

ちなみに、「通読2」の読み方をする場合には、読みながら線を引いたり、書き込みをしたりします。赤ペンや青ペン、場合によっては緑ペンを使っていますが、色分けに深い意味はありません。ただ、読み返してみると（一回読んだ本を、読み返すことが大切です）、赤ペンで書きこんだところが、より重要度が高いように思います。

皆さんも厳密に考える必要はありませんから、「**大事なところには線を、余白にはメモを**」と覚えておいてください。

第一人者が書いた本を一冊読もう

ここで、「通読2」にぴったりだなと思う本をいくつかご紹介します。

経営の本では、**ピーター・ドラッカー**は外せません。

私がバイブルにしているのは、『**抄訳マネジメント**』（ダイヤモンド社）です。１９７５年に日本で発売されましたが、その後、この抄訳をさらに簡単にして発売した『**エッセンシャル版　マネジメント**』はベストセラーになりましたよね。

その他、経営に関する本は、**スタンフォード大学の元教授J・C・コリンズ**が書いた『**ビジョナリー・カンパニー**』と『**ビジョナリー・カンパニー2**』（日経ＢＰ社）

などは何度も読み返しています。
『ビジョナリー・カンパニー』は、企業にとって、ビジョンや理念がいかに大切かを教えてくれる本で、『ビジョナリー・カンパニー2』は、長年、業績不振に苦しんだ企業の業績をいかに飛躍的に伸ばすかについて書かれています。
経験則として、論理レベルを上げようと思うなら、その分野の第一人者が書いた本を読むと間違いないです。

レベルの低い本を何十冊も読むより、第一人者と言われる人の本を1冊きちんと、場合によっては何度も読む方が、内容を深く理解することができ、本質も分かるということが多いからです。

内容が濃い分、読むのに骨が折れますが、良質なアウトプットを1冊で得られるという意味で、結果的に時間の節約にもなります。急がば回れです。

POINT!
第一人者が書いた良い本を丁寧に読もう

「読む」を最速化 9

「熟読」で専門家レベルになる

「熟読」では、自分の関心の高いことを、本質が分かるまで読み込みます。

必ずしも、1冊全部を読む必要はなく、ある個所に限定して徹底して読み込めばいい読み方です。これは、**専門書を専門家のレベルまで読み込む読み方**。専門家と対等に話せるぐらいに読み込むことができれば、論理レベルは飛躍的に高まります。

先ほど「通読2」で、線を引く、メモをするなどして読む話をしたと思いますが、熟読ではさらに一歩踏み込み、注釈を丁寧に読むだけでなく、その本に引用されている参考文献や関連書籍も読むなどして、（本のある部分に関しては）専門家と同等レベルになるまで、そして、完全に自分のものになるまで読むのがポイントです。

熟読に適した本は論理レベルの高い人が書いた、高い論理思考力を必要とする本、あるいは、一読しただけでは内容を理解するのが難しい論文などです。

一例を挙げると、私が、マクロ経済を勉強するときに外せない本が、**ジョセフ・E・**

スティグリッツの『**入門経済学**』（東洋経済新報社）です。金融に関して何か分からないことが出てきたときは、**日銀総裁の白川方明**さんが書いた『**現代の金融政策**』（日本経済新聞出版社）に目を通し、確認しながら読んでいます。会計では、**神戸大学教授の桜井久勝**先生の『**財務会計講義**』（中央経済社）を開くようにしています。

マニュアルだけに頼らない

ところで、私は東京銀行（現在の三菱東京UFJ銀行）に入行した2年目に、輸出手形保険の担当になったことがありました。輸出した商品に保険をかける仕事で、マニュアル通りに行えば、日々の業務を行うのに支障はありませんでした。

しかし私はマニュアルでは飽き足りず、輸出手形保険に関する法律の条文や施行細則を、分厚い法令集を片手に熟読していったのです。

なぜならば、幅広い知識を深く身につけておけば、いつか、何かの形で役に立つと信じていたからです。それに、そのほうが仕事も断然面白いからです。

実際、当時の通産省の輸出手形保険担当者と対等に話せるまでになりましたし、経営コンサルタントとして独立してからも、経済や会計などをその方法で深く勉強してきたことが役立っているなと感じる場面は多々あります。

50時間勉強すれば専門家レベルに

熟読は、高度で、時間がかかる勉強法だと思うかもしれませんが、意外とそうでもありません。ざっと見積もって、**50時間、熟読にふさわしい本を読み込めば、専門家レベルに達します。**

どうして50時間かというと、根拠はあります。

明治大学の会計大学院で特任教授をしていたとき、年間4教科を教えていましたが、ひと教科14コマ分、教えていました。このうち、2コマは試験でしたから、実際には12コマしかありませんでした。

1コマの授業時間は90分。しかし、はじめの30分ぐらいは、学生に人生論だとか生き方だとか、要するにお説教をしていたので、実質的なことを教えるのは1時間ぐらいでした。この時点で、1時間×12コマ＝12時間ですよね。ただし、1コマの授業1時間に対して、学生が予習と復習の時間を最低2時間はとることを大学院では前提としています。その分の時間もプラスすると、合計で36時間になります。

つまり、**学校の授業では、36時間あればどうにかなる**ようにカリキュラムを組んでいるということになります。

50時間としたのは、独学で勉強する場合は、教えてくれる人がいない分、もう少し時間がかかると思うからです。

勉強の仕方によっては、30時間でひとつの専門分野を熟読できる人もいれば、50時間以上かかる人もいるかもしれません。でも、目安として、50時間、1冊の専門書を参考文献も含めて熟読すればそのことに関しては専門家レベルに到達すると思います。

速読や通読は、仕事の合間に読むことができますが、熟読は、それができません。参考書や条文、関連書籍などを参考にしながら読むので、机の上で腰を据えて取り組みたいものだからです。できれば週末の1～2時間を割いて、自宅で、集中してトライしてみてください。このレベルになるには、速読を何千時間やってもダメなのです。

速読では広い知識は得られますが、深い知識や理解は得られないのです。クイズに出るための勉強と専門家になるための勉強方法は違うのです。そして、後者が、どんな時にでも役に立つ理解力を得られる方法なのです。

徹底して読み込むことで、物事のとらえ方、考え方に広がりと深みが生まれるのを実感できると思います。

POINT!

50時間で専門家レベルの知識が手に入る

「読む」を最速化 10

専門書→入門書の順に読む

論理レベルの高い専門書を読む最大のメリットは、その分野の**本質に迫れる**ことと、それを通じて他の状況でも使える**理解力が高まる**（＝頭が良くなる）ことです。

はじめに本物を読んでおけば、あとから読む本の価値を、周囲の評判などに惑わされず、自分で見極めることもできます。

このとき、ある著者の専門書を読んだら、さらに高度な専門書を読むことも役に立ちますが、その人の書いた入門書に戻って読んでみることもお勧めです。

会計学でいえば、先程ご紹介した桜井久勝先生の『財務会計講義』を読んでから、入門書である『**会計学入門**』を改めて読んでみるという読み方です。

すると、良い先生の書いた入門書が、非常に奥が深いものだと感じることができると思います。

入門書は、入門書ゆえに難しいところを省いて書いていますが、実は、行間にそれが滲み出ているのです。論理レベルが高い著者が、本当は書きたいけれど、わざと書かなかったところまで見えてくるのです。

「実は、この個所であの話をしたかったんじゃないか」などと、書き手の意を汲みながら推測できるということは、あなたの理解力は相当上がったということになります。

論理的思考力についての詳しい話は次章に譲りますが、論理レベルが上がった人ほど、この行間を読むという行為ができるようになるのです。

また、専門書から入門書に戻って読み直すのは、熟読レベルで理解したことを改めて復習するのにもとても役立ちます。

入門書がはるかに読みやすくなったと実感できれば、論理レベルが上がった手応えを感じられるはずです。

POINT!

入門書を読んで理解力をチェックする

自分の基準と比べながら読む

先日、私は、仕事の合間に、尊敬している**松下幸之助**さんの『**松下幸之助の経営問答**』という本を読んでいました。なんとなく読んだわけではありません。

「自分の基準と一緒かどうか」を確認しながら読みました。

私は、経営コンサルタントとして仕事をする上で、自分なりの基準を持っています。根本的なものは、「**お客さま第一**」と「**キャッシュフロー経営**」です。

「お客さま第一」とは、会社はいかなるときも、お客さま志向を徹底しなければならないというものです。お客さまがいてくれるから、会社は成り立っています。

もちろん、社員や株主もいなければ会社は成り立ちませんが、社員や株主を維持する源泉は、長期的には、お客さまからいただく利益以外にはありません。その意味で、企業活動がお客さま優先で行われる「お客さま第一」は、当然、守るべきものです。

もうひとつの基準は、会社の安全性を確保する意味で重要な「キャッシュフロー経営」です。キャッシュフロー経営とは、その名の通り、キャッシュ（現金）のフロー（流れ）を重視した経営です。

なぜ、キャッシュフロー経営が大切かといえば、会社はキャッシュがなくなったときに潰れるからです。たとえ今、商品やサービスが売れて利益が出ていたとしても、現金を回収するまでは売っていないのと同じです。

キャッシュがなければ会社は倒産の危機にさらされるので、現預金などすぐに資金にできるもの（手元流動性）を常に一定以上確保しておかなければなりません。

さらには、キャッシュフローは会社の力の原泉だからです。

このように、私は自分なりの基準を持っているので、お客さまから経営の相談をされたときは、それに照らし合わせて、考えるようにしています。

書かれていることがすべて正しいわけじゃない

本を読むときも、そうです。

経営に関する本を読むときは、「お客さま第一」や「キャッシュフロー経営」という自分の基準と合っているかを確認しながら読んでいます。もし読みはじめた本が、

「お客さま本位」ではなく「金儲け本位」の視点で書かれていれば、その本は間違っていると判断できますよね。

本は、書かれたことがすべて正しいとは限りません。読む力を鍛えて様々な知識や情報をインプットする姿勢は大切ですが、正しくないことをたくさんインプットするのはムダ骨になるだけでは済まされません。だからこそ、自分なりの判断基準を持って本を読むのはすごく大事なのです。

もっとも、そもそも自分の基準が正しくなければ話になりません。

正しい基準を持つのは、そんなに難しいことではありません。

多くの人が評価する、ビジネスや人生の本質を突いている良書を読んで、正しい考え方を身につけるところからはじめればいいのです。

その方法は、次の項目を参考にしてください。

POINT!

良書を読めば、自分の中に基準ができてくる

「読む」を最速化 12

座右の書、人生の書を読む

ビジネスや人生において、技術的な判断基準を持つとともに、正しい考え方を身につけることがとても大切です。そのためには、長年、読み継がれている良書を読むことが必要です。それにより、価値観や善悪の判断基準が定まっていきます。

言い換えれば、自分の原点やバックボーンになるものを持つことが大切なのです。

自分の原点があれば、他の人が正しい考え方をしているか、つまりその人が〝ホンモノ〟かどうかを見抜けるようになります。ただし、その原点が「正しい」ものでなければなりません。

正しい考え方は、大樹の根に例えられます。どんなに枝葉が生い茂っているように見える木でも、根が張っていなければ、いずれ枯れてしまうか、根元から倒れてしまいます。良樹細根（りょうじゅさいこん）。正しい考え方という細かい根をしっかりと張りめぐらせている人は、やがてたくさんの枝葉が茂る良木になると思います。

長年読み継がれてきたものを読む

根をしっかりと張りめぐらせるために必要な栄養分を得るためには、長年、読み継がれている良書を読むことが必要だと思います。

ビジネスマンとしての生き方なら、名経営者として名高い**松下幸之助**さんや**稲森和夫**さんが書かれた本が良いと思います。

私は、**松下幸之助**さんの『**道をひらく**』を座右の書にしていて、毎日、寝る前に少しずつ読んでいます。もう100回以上は読んだと思います。

経営についての考え方なら、前述しましたが、**ピーター・ドラッカー**。『抄訳 マネジメント』は経営書のバイブルにしています。

その他、正しい考え方を述べたものとしておすすめしたい本は、**渋沢栄一**翁の書いた『**論語と算盤**』です。渋沢翁は、日本最初の銀行をはじめ、500もの会社、600もの社会福祉事業の設立に関与した大実業家で、日本資本主義の父とも呼ばれています。彼は経営の根本にも、生き方の根本にも、論語を据えていました。

同書では、論語（＝道徳）と、算盤《そろばん》（＝経済）は両立するものだと述べ、豊かさを持続させるには、善い行いと良い商いがかけ離れてはうまくいかないと説いています。論語を追い求め、それを実践した結果、算盤がついてくるのです。算盤だけを追い求めても、算盤はついてきません。論語を追い求めて初めて、算盤がついてくる。こうしたビジネスにおける普遍的なことを教えてくれる良書だと思います。

生き方を教えてくれる「論語」

孔子の『**論語**』もおすすめ。2500年も読み継がれてきた『論語』には生きる上での心理がちりばめられています。『論語』には、有名な一節がありますよね。

われ十有五にして学に志し（十五歳で学問の道を志した）
三十にして立つ（三十歳で自立できるようになった）
四十にして惑わず（四十歳でこれこそが自分の道だと分かり、迷いがなくなった）
五十にして命を知る（五十歳で自分の道が、天が自分に与えた使命だと知った）
六十にして耳順う（六十歳でどんな人の話も聞けるようになった）
七十にして心の欲するところに従って矩をこえず（七十歳で心の思うままに行動しても、人としての道を踏み外すことがなくなった）

孔子でさえも、自分の生き方について迷わなくなったのは四十歳になってから。四十歳になるまでは迷っていたということになります。このように、人の生きる道について核心を突いたこと、真理とも言うべきものを提示してくれるのが『論語』です。原典を読むのは難しいですが、**安岡正篤**先生の『**論語の活学**』をはじめ、分かりやすく解説した良書がたくさん出ていますから、そこからスタートすれば良いと思います。

その他、人生観を養うには、**昔から読み継がれた良い本**を読むのが良いですね。

こうした良書から、自分の仕事や人生の原理原則を見つけ出し、バックボーンにしてください。

正しい考え方は、一朝一夕で身につくものではありませんが、良書を積極的に読み、少しずつ自分のものにしようとする意志があれば、必ず身につきます。

こうした本は、何度でも、何十回でも繰り返し読み返すことが大事です。

POINT!

人生のバックボーンになる良書を見つけ繰り返し読む

第3章

論理的
思考力を
強化する!

「考える」を最速化する技術

「考える」を最速化 1

論理的思考力には段階がある

「読む力」を育て、インプットのやり方と質を変えれば、頭の働きが間違いなく上がりますが、ここからは「考える力」を強化する方法を説明していきましょう。質の高いインプットをさらに新たな考えやひらめきに変える方法です。それにより、アウトプットの質が格段に向上します。それでは、「考える力」の向上策について説明しましょう。まず、「論理レベル」ということを理解してください。

「考える力」を深めると、論理的思考力、つまり自分の「論理レベル」が上がるため、今まで見えなかったモノが見えるようになります。

大げさではなく、新しい世界が広がります。次のページの図を見てください。知識の広がりとは別に思考の「深さ」というものがあります。論理的思考力にはレベルがあるのです。仮に1～5段階まであるとすると、1や2の段階では、まだ論理レベルに深みはありません。

でも、1や2段階までしか論理レベルがない人の中には、3段階目はないと思い込んで生きている人もいます。そういう人は、自分の思考力が浅いことに気づいていませんから、3段目以降もあることを分からせるのはかなり大変です。

論理レベルが上がり、3段階あたりまでいった人は、物事にはおそらくもっと深い4や5、あるいはそれ以上先があることを認識するようになります。

つまりある程度、論理レベルを上げないと見えてこないことがたくさんあるのです。

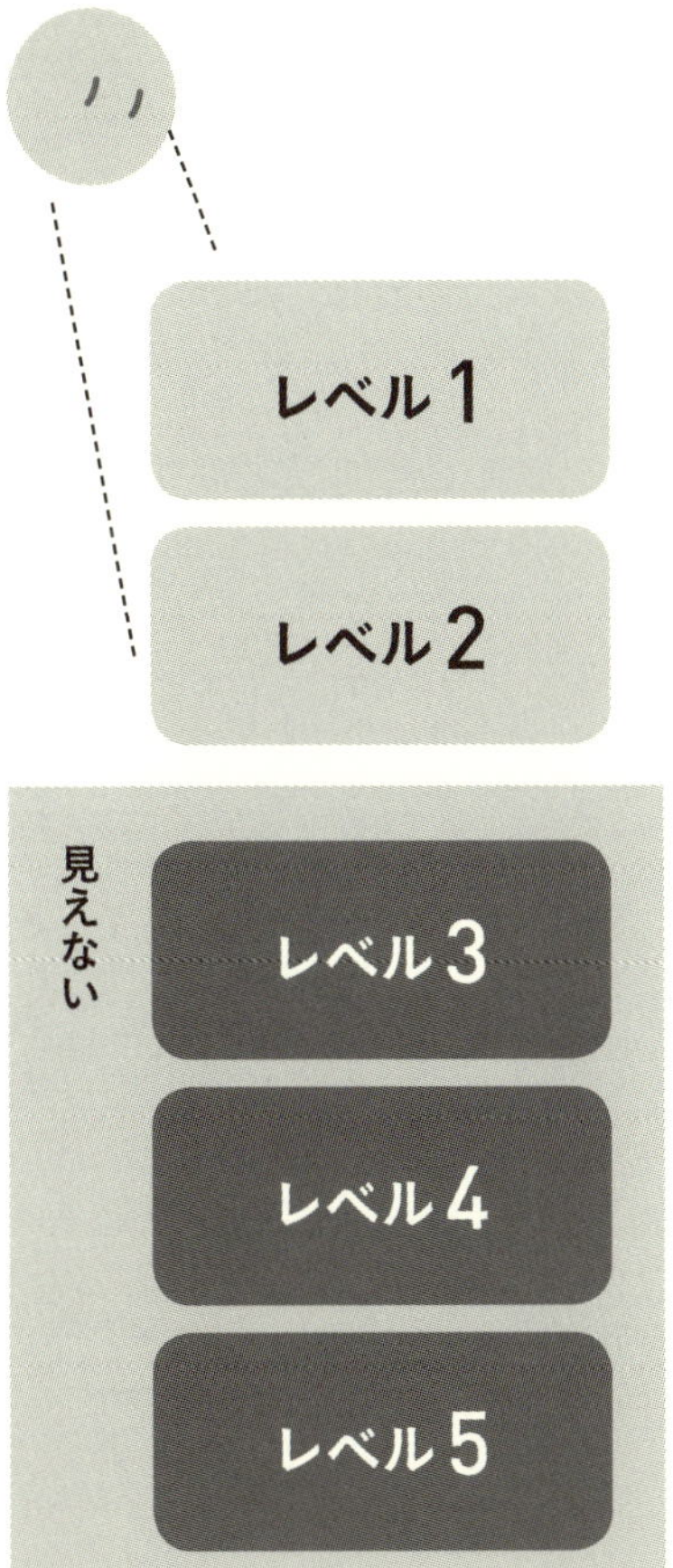

自分には、まだ分かっていないことがたくさんある。
このことを自覚することが、論理レベルを引き上げるのにすごく大事なんです。

論理的思考力が身につけば、同じ仕事をするにも、お客さまや上司が求めていることを様々な視点から考えられるようになるので、同じインプットをしてもより質の高いアウトプットを出せるようになります。しかも、時間の節約にもなります。

では、論理レベルを上げるため、どのように「考える力」を磨いていけばいいのでしょうか。

そのキーワードは、まず、関心。
次に、仮説。最後に検証です。

それぞれについて、次から詳しく見ていきましょう。

POINT!

「自分には分かっていないことがある」と自覚する

「考える」を最速化 2

まず「関心」を持つ

人は、自分に関心のあるものは、覚えようという意識がなくても自然にインプットするものです。

良い例が、自分の給与の数字。ほとんどの人が、自分の給与がいくらなのかは、いちいち明細書を見なくても言えるはずです。好きな人のことなら、関心があるから、自然に目に入ってくる。それと同じです。

だからまず、関心を持つ。関心を持てば、モノが見えてきます。

私は、自動ドアを通るときは、必ずそれがどこの会社の自動ドアかチェックするクセがついています。なぜだか分かりますか？　関心があるからです。

どうして、関心があるのか。

それは、顧問先さんに自動ドアの設置やメンテナンスを行う会社があるからです。

大多数の自動ドアは、閉まっているドアの中央部にメーカー名が入ったシールが貼ってあります。顧問先さんのドアシールは水色なので、水色かどうかを見ればいいわけです。

ポイントをしぼれば見えてくる

関心を持つことは、ポイントをしぼると言い換えることができます。

ポイントがなければ、すべての自動ドアは同じものに見えますが、「水色のシール」というポイントがあれば、他と明確に区別して見ることができるのです。

では、何をポイントにして、ものを見ていくか。


それは「自分の仕事」。まずは自分の仕事に関心を持てばいいのです。


アパレル業界にいる人は、例えば、最新の繊維がクローズアップされたら、そのキーワードをポイントにする。すると新聞を見ても、街角ウォッチングをしていても、キーワードに関する情報が目に入りやすくなります。

もし、自分の仕事にまったく関心が持てないという人は、転職を真剣に考えるべきだと思います。

関心を持てないと、いつまで経っても、右から左にしか仕事（というより「作業」）をこなせないままだからです。

仕事はつらいもの、つまらないものと半ば諦めたように言う人がいますが、本来は、すごく面白いものです。

ビジネスマンは、人生の多くの時間を仕事に費やすのに、仕事の面白さが分からないままなんて、すごくもったいないと思います。

ラクな仕事はひとつもありませんが、関心を持てば、率先してスキルも学ぶようになりますから、仕事は速くなり質も高まります。

質が高まれば、仕事はますます楽しくなります。

やり甲斐を感じられるようになるのです。

POINT!

「関心」を持てば、情報は自然と頭に入る

「読む」を最速化 3

「関心」を持ったことを「関連づけ」る

関心を持ったら、他の関心のあることや、これまで自分が経験したことと「関連づけ」ができないか考える。


これは、次の項目で述べる「仮説」を立てやすくすることにもつながります。

「関連づけ」とは、どういうことなのか、ここで確認しておきましょう。

次のページの図を見てください。

人間の頭の中には、いくつもの引き出しがあると考えてみます。

引き出しのひとつひとつには、「会計」「経済」「政治」などと名前がついていて、知識が増えれば、「会計」なら「財務会計」「管理会計」「国際会計基準」といった具合に、さらに細かく分かれていきます。

それぞれの引き出しの中身は、知識や、情報、経験などを入れていくイメージです。

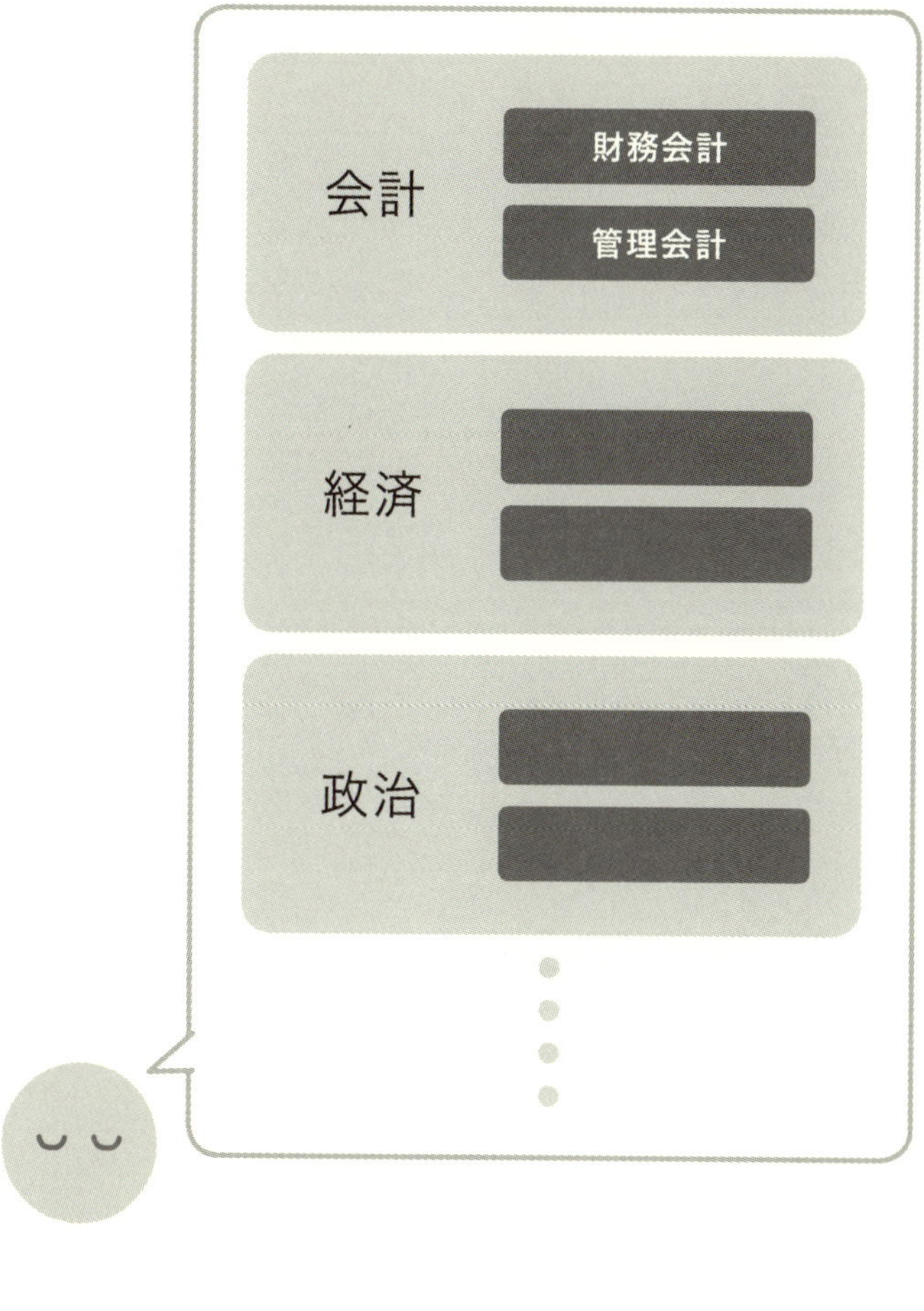
会計
財務会計
管理会計
経済
政治

「関連づけ」をするには、あらかじめ、この引き出しの数と中身を増やしておかなくてはなりません。引き出しがなければ、そもそも関連づけはできません。

「関心」が質の高い「引き出し」を作り出す

ならば、引き出しを作るには、どうすればいいか。

それが、先に述べた、「まず、関心」です。自分の仕事に対して関心を持つのです。趣味に関することでも構いません。日頃から意識して、様々なことに興味を持ち、関心の幅を広げておけば、おのずと引き出しは作られます。

私の頭の中の引き出しをイメージしてみると、毎日読んでいる新聞からの情報、マクロ経済の数字や定義、顧問先の企業さんやその他の関心のある企業の財務内容など、いくつもの引き出しがあります。もちろん仕事以外にも、家族や友人、趣味に関すること、ニュースや雑談から得た情報など、様々なものが引き出しに分類されています。

引き出しは、数を増やすだけでなく、中身の「質」を高めようと意識することも大切です。**定義の曖昧な言葉はすぐに調べる**、**数字が出てきたら必ず裏づけを取る**などを習慣づけていけば、質の高いものが収まるようになります。

とりあえずポンポンと引き出しに入れておき、あとで語彙や数字を調べて質の高い情報にアップグレードしてもかまいません。自分がやりやすい方法でいいので、質の高さを追求してください。

引き出しは、「整理整頓」することも大切です。引き出しに入っている情報より、より具体的な新しい情報が出てきたら中身を差し替えるような気持ちで、**日々新聞や書籍、雑誌などの情報源に触れること**です。そうすれば自然に中身が入れ替わります。

ここまでしておけば、いざ、何かに関心を持ったとき、すでに引き出しに入っている情報が自然に浮かんできて、「関連づけ」ができるようになります。

これは、「ひらめき」と同じことです。

ひらめきとは、あるとき突然、思いつくイメージがありますが、まったく違います。ある事象を聞いたとき、引き出しが豊富で中身も充実している人ほど、その中身と関連づけて考えられる。それが、「ひらめき」です。

POINT!

関心を持つことで自分の「引き出し」を増やそう

実践講座 1

GDPを「関連づけ」してみよう

「引き出し」を増やすことで、入ってきた情報を「関連づけ」しやすくなると申し上げましたが、「関連づけ」とはどんなものか、実際にやってみましょう。

次の一文から、どんなことが「関連づけ」られますか。

2011年7〜9月の名目GDPは、469・6兆円だった。

この一文は、「名目GDP」について基礎的な知識がなければ、他のことと関連づけることは難しいと思います。

66ページの「読む力」のところでもお伝えしましたが、基礎的な知識があれば、「考える力」も強化できます。

ですから、まずは、用語から確認です。

そもそも、**GDP**とは何ですか?

「**国内総生産**」。

確かにそうなのですが、私が聞いているのは、国内総生産の意味です。

それをきちんと人に説明できなければ、ＧＤＰを理解しているとは言えません。

ＧＤＰは、その国の経済力を表す指標のひとつで、「**付加価値**」**の合計を表したものです。**

ならば、この場合の「**付加価値**」**とは何**でしょう？

少しでも疑問に思ったり引っかかる言葉が出てきたら、立ち止まって考えたり調べてみる。この姿勢が、「考える力」を深め、論理レベルを引き上げます。

これは、意識して訓練して鍛えていくしかありません。

付加価値とは、各企業の売上高から仕入れ高などを引いたものです。
その付加価値を日本中で合計したものがＧＤＰになります。

厳密には、もっと正確な定義がありますが、このぐらい抑えておけば十分です。

さて、先ほどの一文は、ＧＤＰではなく、「名目ＧＤＰ」でしたよね。

ここも、「**ＧＤＰと名目ＧＤＰは何が違うのだろう？**」と疑問に思うポイントです。

GDPには、「名目GDP」と「実質GDP」の2つがあるんです。

日経新聞の毎週月曜日に掲載される「景気指標」を見ている人は分かると思いますが、両者は並べて掲載されています。それを実際に確認しておきます。次ページの図がGDPのデータです。

2011年7~9月の数字を見てください。

名目GDPは469・6兆円。実質GDPは509・8兆円になっていますね。

「名目GDP」とは、その時々の価格をそのまま表示したGDPです。実額です。それが、469・6兆円あるということです。

これに対し「**実質GDP**」は、**ある年の価格を基準にして、物価の変動を調整したGDP**です。

つまり、インフレやデフレなどの物価変動を調整した金額が、509・8兆円ということです。

国内総生産（季調・年率・兆円　カッコ内は成長率％）

	名目	実質
2008年度	489.5（▲4.6）	505.8（▲3.7）
2009年度	473.9（▲3.2）	495.4（▲2.1）
2010年度	479.2（1.1）	511.0（3.1）
10-12月	479.6（▲3.2）	514.0（0.1）
2011年1-3月	471.2（▲6.8）	505.4（▲6.6）
4-6月	※463.9（▲6.1）	※502.9（▲2.0）
7-9月	※469.6（5.0）	※509.8（5.6）

出所：内閣府　※速報値

現在、モノの値段が下がり続けるデフレ状態が続いていますが、その場合、**名目ＧＤＰよりも実質ＧＤＰの方が数字が大きく**なります。

デフレになると、貨幣価値が上がるからです。

同じ１０００円でも、デフレ時には、過去の１０００円より、現在の１０００円のほうが価値が高いわけです。

もし、モノの値段が上がり続けるインフレ状態だったら、この数字は逆転します。すなわち、名目ＧＤＰの数字の方が大きくなります。

ちょっと長くなりましたが、ここまでが、基礎知識。「関連づけ」はここからです。

数字を関連づけて深く掘り下げる

では、2011年7〜9月の名目GDPの469・6兆円という数字を、「関連づけ」してみましょう。

まず、表を見比べてみます。成長率はほとんど▲。マイナスが多いですね。2011年7〜9月はプラスに転じていますから、良くなったように感じます。

しかし、ここで注意しなければならないのは、日本のGDPは、「前四半期と比べて」の伸び率を年率で示している点です。

前四半期、すなわち、2011年4〜6月の名目GDPを確認すると463・9兆円です。確かに、463・9兆円に比べ、7〜9月の469・6兆円は高くなりました。けれど、これは、あくまでも前四半期と比べて、です。

ならば、他に、どの数字と比べれば、今の「469・6兆円」という数字が良いのか、悪いのか、もっと明確に判断がつくのでしょうか。

ターニングポイントになった年と比べる

ここでも、「関連づけ」はモノを言います。

私なら、日本や世界の経済情勢の中で、ターニングポイントになった年の前後の名目GDPの数字を確認してみます。

そうです、世界同時不況の引き金になったリーマン・ショックが起きた2008年です。2008年度と、この不況が起きる前年の2007年度の名目GDPの数字を確認すれば、見えてくるものがあるはずです。

2007年度の名目GDPは、図表にはありませんが、513兆円です。翌年、リーマン・ショックが起きた2008年度の名目GDPは489・5兆円になっていますよね。**513兆円を基準に数字を見ると、489・5兆円（2008年度）、473・9兆円（2009年度）と1年ごとにどんどん下がって**います。

世界同時不況が日本経済にも大きな影響を与えたことは、数字を見ると改めて分かりますね。

2010年度の名目GDPは、**479・2兆円とプラスに転じましたが、それは、**

あくまでも、前年度に比べてプラスに転じただけの話。先ほどの2011年7～9月の469・6兆円についても同様で、こちらも、あくまでも、前四半期に比べてプラスに転じただけです。

つまり、ここ数年の中でももっとも悪い数字と比較した上でのプラスであることに注目しなければならないのです。

プラスだから＝良いと短絡的に結びつけてはいけません。不況前の513兆円に比べれば、明らかに良くないと言えるのです。

数字を比べることで見えてくる

469・6兆円という数字がいかに低いか、もっと明確に分かる「関連づけ」もできます。

実は、この数字は、1991年度の名目GDP469・4兆円とほとんど変わらないのです。

GDPは、その国の経済力を表しますから、**今の日本経済は、1991年当時と同**

じ水準しかないことになるのです。

バブル崩壊後、その後10年にわたって不況と停滞が訪れたことを「失われた10年」と言いましたが、2011年の今の状況は、失われた10年どころか、「失われた20年」に突入しているのです。

このように、今のGDPの数字を過去の数字と比較するだけでも、実に様々なことが分かります。

もちろん、鉱工業生産指数とGDP、広告扱い高とGDPなどより複雑な関連づけもできます。「関連づけ」は、慣れないうちは難しいかもしれません。

でも、今取り上げた「GDP」のように、**ある事象に興味を持って、それに関する知識や情報を頭の中の引き出しにストックしていけば、関連づけて物事を考えられる**ようになります。

皆さんもマクロ経済の数字だけでなく、自社の売り上げの数字などを時系列で比較、関連づけると、今まで見えなかったいろんなものが見えてくるかもしれませんよ。

POINT!

具体的な数字を「比べて」いく

「仮説」を立てて「検証」する

関心を持ち、関連づけする訓練を積んだら、続いて、仮説です。

仮説とは、基準です。

関心を持ったことに対して、何かしらの基準を持ってモノを見る。

これが、物事を深く掘り下げるきっかけになるのです。

それではどんなふうに仮説を立てたらいいのでしょう？

例えば編集者だったら、「どんなビジネス書が売れているんだろう？」など、今、売れている本に関心があると思います。

私が編集者だったら、それを確認するため、いろんな本屋に足を運ぶと思います。

もちろん、その前に全体的なデータも見るでしょう。どんな職種もそうですが、実際に、〝現場〟に行って初めて分かることはたくさんあります。売り上げデータを眺めているだけでは見えないものが、現場に出向いて初めて見えてくることは多いです。

まずは問題意識を持ってみる

本屋では、ただボーっと人の行き来を見るのではなく、立ち読みをしている人の中で、その本を買っていく人の割合や、買った人は何を決め手に買っているのか観察します。

これが、仮説を立てる第一歩です。

立ち読みをしている人は、そのままレジに持っていく人と、買わずに書棚に戻す人に分かれますよね。

ならば、立ち読みをする人の中で、**レジまで持っていく人は何を見て買っていくのかを**探ってみるのです。

タイトルだけを見て買っている人、見出しをざっと確認して買う人、中身の数ページをじっくり読んでから買う人、あるいは、書店員の推薦文が書かれた手書きのPOPを読んで買う人など、いくつかのパターンに分けられると思います。購買までの時間も観察します。

とにかく、何が本を買う決め手になっているのかを観察するのです。

そこで、「見出しをざっと確認してからレジに持っていく人が多そうだ」と思ったとしましょう。

ここで初めて「見出しにインパクトのあるビジネス書は、売れている」という仮説が立てられます。今度はその仮説が本当に正しいか、検証していきます。

1カ所の本屋に行っただけで、簡単に結論づけてはいけません。

本屋に行くたびに、「**見出しにインパクトのあるビジネス書は、売れている」という仮説が正しいかチェック**していくのです。

何度も検証して、初めてそれが正しいかどうか見えてきます。

もちろん本を買うには、内容が価格に見合うか、周囲の評判が良いかなど、他にも様々な要素が絡むと思いますが、自分で仮説を立てて検証してみることで、見えることと、気づくことはたくさんあるのです（ひょっとしたら、過去の近い時期に新聞公告が出た本が一番売れているのかもしれませんね。様々な仮説が立てられます）。

仮説→検証で頭が良くなる！

もちろん私も、日頃から、いろいろな仮説を立てています。

例えば、「**工場の床がきれいな会社は、業績が良い**」。工場の床に限らず、オフィスなら、植物の手入れがきちんとされているか、社内が片づいているかなど、「清掃が行き届いているか」というのは、余裕があって、細かいところにも気のつく会社かどうかを判断する上で、すごく重要だと思っているんです。

植物が枯れていようと、工場の床が汚れていようと、業務にすぐに支障が出ることはないですよね。そういう一番後回しにされやすいところまできちんとしている会社は、仕事のプロセスもきちんとしていて、お客さまに対しても細やかな気配りのできる会社、お客さま志向を実践できている会社ではないかと思うのです。

この仮説は、いろいろな会社に行く中で何度も検証を重ねているので、概ね正しいのではないかと思っています。

他にも、私は、「**お客さま思考の小さな行動を徹底している会社は、成功しているところが多い**」という仮説も持っています。ここで言う、「小さな行動の徹底」とは次のようなことです。

○社内でも、「お客さま」という言葉遣いをしている
○お客さまを「さん」づけしている
○電話は3コール以内で必ず取っている
○来客を玄関先まで「出迎える」「見送る」を行っている

もしも、社外では「お客さま」と言っているのに、社内に入った途端に「あの客が～」などと呼び捨てにしている会社を見かけたら、成功する確率は低いだろうなと考えます。

これらの「小さな行動」は、ひとつひとつは誰もが今すぐできることです。ただし、1カ月、1年と続けられる人は限られてきます。

小さな行動の徹底していない会社では、ちょっと忙しくなってくると、「誰かが出てくれるからいいや」と電話を取らなくなったり、「ヒマになったらやればいいや」と片づけを後回しにしてしまったりするものです。

でも、小さな行動が全社員に徹底している会社は、やると言ったら徹底してやるんです。やらないという選択肢はありません。

この時点で他社を大きくリードしますよね。徹底を10年も続けたらどうでしょう。

結果として、とてつもない売り上げや利益の差になって表れるはずです。

この仮説も、相当数の会社で検証してきましたが、ほぼ間違いないと思っています。

仮説を立てて、検証を重ねる。この行為そのものが、物事を深く掘り下げ、論理レベルを引き上げることにつながります。

仮説は間違っていてもいい

仮説を立てるのは、難しいことではありません。**身近なことから、疑問に思ったことをどんどん仮説として立てていけばいい**のです。

ここ最近、私が気になっているのは、電車内で携帯型のゲームをしている人の中で、ニンテンドーのDSよりも、ソニーのプレステの方が明らかに多いことです。すると、**「プレステの方が人気がある」という仮説**が立てられます。

もちろん、仮説ですから、違う可能性だってあります。

それは、任天堂の業績を調べたり、引き続き車内ウォッチングをしたりして、検証を続けていけばいいだけの話です。

先日は、**「熊本の人は、読書家だ」という仮説**も立てました。というのも、私は、顧問先さんの会社がある関係で、2カ月に1度の割合で熊本に行くのですが、熊本の商店街を散策していると、他の商店街よりも本屋さんが多い気がするのです。これは、まだ未検証。これから、仮説が正しいか検証していくつもりです。

仮説は、あくまでも仮説ですから、この時点で、正しいとか間違っているなどを、ことさら意識する必要はありません。

仮説が間違っていたら、その時点で、新たな仮説を設けてまた検証すればいいのです。それよりも、仮説を立てる、検証する行為そのものが、深くものごとを考えるきっかけとなり頭を良くしていくのです。

皆さんも自分の業務について、売り上げを上げたり、効率化するための仮説を立てて、様々なことを行っていくと、少し深くものごとが見えるようになるはずです。ぜひやってみてください。

POINT!

身近なことから「仮説」を立ててみよう

「考える」を最速化 5

「なぜ」「どうして」と疑問を持つ

――2ページの「関連づけ」にも深く関わることですが、「考える力」を強化するには、ある事象に対して「なぜ？」「どうして？」と疑問を持つ姿勢がすごく大切です。

コンビニに入って、ビジネスマンと学生を見かけて、ふと、「スーツを着た人と私服の人では、平均客単価はどのぐらい違うんだろう？」、電車内で明るい色の服を着た人の割合が多いと感じて、「今の流行色はヴィヴィッドなのかな？」などと思う。

日々の生活の中で、ふと感じたり疑問に思う場面はたくさんあるはずです。その他、本の一文、人から聞いた話、新聞やテレビを見ている中で、少しでも「なぜ？」「どうして？」を増やし、どうしても気になることは追求してみる。それを繰り返すうちに、より深く多くの情報をつかめるようになるのです。先にＧＤＰについてお伝えしましたが、別な角度からもう一度見てみたいと思います。

次の一文を読んでください。

ＧＤＰは、私たちの給与と深い関係がある。

「給与に関係がある」なんて、すごく気になりませんか？

「なんで関係があるんだろう？」と疑問に思ったら、深掘りするチャンスです。

ＧＤＰは頭に入っていますか？　各企業で生み出した付加価値の合計を表したものでしたね。「付加価値」とは、売上高から仕入れ高などを引いたものです。

企業は、付加価値として稼いだものから、次の生産のための投資、従業員への給与の支払い（つまり人件費）、家賃などに使っています。余ったものは貯蓄されます。

このうち、ほとんどの企業でもっとも高い割合を占めるのが、人件費です。

付加価値に占める人件費の割合のことを、「**労働分配率**」と言います。

この言葉は聞いたことがありますか？「なんだろう？」と思ったら、語彙であれば、すぐに調べるクセをつけてください。景気が良いと稼ぐ付加価値額は大きくなり、労働分配率は低下します。景気が悪いと付加価値額は小さくなり、労働分配率は高くなる傾向があります。

今の日本経済の状況は、労働分配率が高い、すなわち、付加価値に占める人件費の割合が高い状態です。景気が低迷しているからです。

さらに、これは、長期的には、次のようにも考えられます。

企業で働く人のひとり当たりの付加価値額が上がらないと給与は上がらない。
日本全体で見ると、ひとり当たりのＧＤＰが上がらないと、給与も上がらない。

ＧＤＰが発表されると、新聞のスペースを大きく割いて紹介されますよね。あれは、ＧＤＰが増えたか、中でも、ひとり当たりのＧＤＰが増えたかというのは、日本経済全体に関わるほど、重要なことだからです。

給与に直結するのは、ＧＤＰの中でも、「名目ＧＤＰ」の数字です。

１１９ページでお伝えした通り、２０１１年7〜9月の名目ＧＤＰは、４６９・６兆円。世界同時不況が起きる前年の２００７年度は、５１３兆円でした。

つまり、２００７年度から比べると、約43兆円、１割近くも名目ＧＤＰが減っています。給与の源泉が減っているのですから、企業は、その分、労働分配率を上げながらも、一部では、給与を減らす、特に賞与を減らして対応するしかありません。

多くの企業がこんな状態では、日本経済全体が冷え込んでしまいます。

「なぜ？」という感覚と知識で深く掘り下げる

ここまで読んで、「**給与が上がらないなら、消費支出も上がっていないのではないか？**」と疑問に思った人は、日頃から、新聞をチェックし、社会全体の動きをとらえようとしていると思います。他のことに関連づけながら疑問に思うというのは、「考える力」に、磨きがかかってきている証拠です。

給与は当然、消費支出に影響を与えます。消費支出は、日本のＧＤＰの55％強を支えていますから、消費が上がらないと景気は浮揚しにくいといえるのです。

念のため確認しておくと、消費支出は、景気指標の中の「消費支出２人以上世帯」の数字でチェックできます。

	現金給与総額（全産業、前年比）	消費支出 2人以上世帯（前年比）
2008年度	▲1.1	▲1.9
2009年度	▲3.3	▲0.2
2010年度	0.6	0.3
2010年10月	0.5	▲0.4
11月	0.2	▲0.4
12月	0.1	▲3.3
2011年1月	0.4	▲0.3
2月	0.3	0.5
3月	▲0.1	▲8.2
4月	▲1.4	▲2.0
5月	1.0	▲1.2
6月	▲0.7	▲3.5
7月	▲0.2	▲2.1
8月	▲0.4	▲4.1

出所：厚生労働省、総務省

２０１１年3月の東日本大震災以降からは、ずっとマイナスが続いているのが分かります。ただし、給与も消費も上がらない中でも、少し改善されている指標もあります。現に、「広告扱い高」や「旅行取扱状況」などの数字は、若干ではありますが、伸びているからです。その数字については、興味のある人は、日経の景気指標などで確認してみてください。

このように、ひとつの事象から疑問を持ったり、関連づけたりする訓練に最適なのは、新聞を毎日読むことです。

こんなに面白い訓練もありません。

新聞は、毎日、情報が変わるからです。飽きることがありません。

疑問を持ち、関連づけをしながら仮説を立てて物事を考えられるようになれば、論理レベルは相当高くなるはずです。なにより、新聞を読むのが楽しくなると思います。

POINT!

「なぜ?」と思うクセをつけ、関連することを調べてみよう

「考える」を最速化 6

数字で具体化する

あなたは、会議の場で、こんなふうに曖昧な答え方をするときはないですか。

「芳しくないですね」

「だいぶ回復しました」

「もう少し安くなればもっと売れると思うのですが……」

こんな答え方をされたら、私ならこう聞き返します。

「『芳しくない』とは、先月に比べて何%ダウンしたのですか?」

「『だいぶ回復した』とは、何割回復しましたか?」

「『もう少し安く』とは、何円安くなればいいと思いますか?」

芳しい、だいぶ、もう少しなどという表現は非常に曖昧ですし、その人の思い込みや感想、印象に過ぎないことが多々あります。

物事は、具体化して客観的な事実をつかむことが大切です。

そのためにぜひとも心がけてほしいのが、数字で表すことです。

できないビジネスマンは数字に弱い

数字はある意味、究極の具体化です。

具体化できれば、何をすべきかも明確になります。

「先月に比べて、○%の売り上げが落ちた」などと具体化できれば、「その分を取り戻すには、この1カ月で何をしなければならないか」ということが見えてきます。

仕事をする上で、現状を把握し対策を練るためにも、数値化する習慣をつけることが大切です。

「高い」「安い」「もうちょっと」「たくさん」「みんな」といった単語が出てきたら、**「いくら？」「何%？」「何人中何人？」**など、**具体的数字に置き換えて**いきます。

それが習慣化すれば、だんだん、数字に置き換えないと落ち着かなくなってきます。

そうなれば、しめたもの。

あなたの脳が具体的に、これまでより深く考えるようになっているのです。

すると、単に数字化するだけでなく、様々なことについてより具体化を試みるようになっていきます。

ところで、会社を潰す社長は、売り上げなどの数字を適当にしか把握しておらず、ひどいときには、桁が間違っていても気づかないことさえあるんです。

さてあなたは、自分の会社の売り上げを知っていますか？

年間の売り上げはいくらですか？

先月の売り上げはいくらでしたか？

意外に答えられない社員は多いんです。

自分の給与は明細書を見なくても答えられるのに、会社の売り上げを言えないとはどういうことでしょう。残念ながら、関心がないということです。

失礼な言い方ですが、**できない社員ほど、数字に弱い、数字を知らない**という共通点があります。

関心の幅を広げ、数字化できるものは数字化する。

この習慣づけが「考える力」を強化していきます。

POINT!

「いくら？」「何人？」など数字でとらえよう

実践講座 2

仮説を立てて検証してみよう

ここからは、これまでお伝えした「考える力」の総集編として、「仮説を立てて検証する」を行っていきたいと思います。具体的な例でお話ししますね。

私は、毎年、経営者のお客さまを連れて海外へ視察研修旅行に行っています。アメリカやヨーロッパだけでなく、オーストラリア、ブラジルにも行きました。

先日、新聞を見ていたらデンマークの風力発電の記事に目が留まりました。

２０１０年９月の行き先はデンマークだったんです。新聞記事に載っていた風力発電所も見学していたので、余計に新聞記事が目に入りました。

デンマークを訪れたのは理由がありました。同国は**国民の幸福度や満足度が世界有数の高さ**なのです。その理由のひとつとして、国民ひとり当たりのＧＤＰが高く、貧困率は5％と**世界でもっとも格差の小さい国のひとつ**です。ちなみに日本の貧困率は15・7％、デンマークの約3倍もあります（貧困率とは、少しややこしいですが、世帯所得の中央値の半分以下の世帯の割合を言います）。また、風力発電が電力消費の20％強を賄うなど、いわゆる「**環境大国**」のひとつに数えられています。

「**高福祉**」の国でもありますが、それはよく知られた話ですね。税負担と社会保障負担の対国民所得比である「**国民負担率**」を見ると、**デンマークは70・9％**です。北欧諸国は軒並み高いのですが、スウェーデンは66・2％、フィンランド58・9％、ノルウェー57・2％ですから、デンマークの負担率が一番です。ちなみに、日本は38・9％です。

そして、**付加価値税（いわゆる消費税）**は英国などとは違い、食料などに対する軽減税率なしに一律25％で、こちらも、**世界最高水準**です。ですから、物価が高いんです。500mlの水がペットボトル1本で2010年当時で160円ぐらいしました。日本より40％ぐらい高い感覚です。

こうした知識をもとに、デンマークという国がどんな国なのか改めて見てみたいと思ったので、視察旅行の行き先に選びました。

もちろん、デンマークにいても、「**仮説を立てて、検証する**」を繰り返した結果、いろいろなことが分かりました。ここからは、皆さんも一緒に、デンマークの話を深掘りしながら、「考える力」を磨いていってください。

「自転車に気をつけて」のひと言から

到着した日は、夜も遅かったのでそのままバスでホテルに直行しましたが、ガイドさんにこう言われました。

「街の中では、自転車に気をつけてください」

確かに、首都・コペンハーゲンの自転車通行量の多さには、驚きました。市内のほぼすべての公道に自転車道が整備されていて、多くの自転車が走っていたのです。実際に来て直接見ると、本当に自転車大国だと実感します。実に市内の通勤者の30％程度の人が自転車を利用していると言います。

ここで、「そうなんだ」で終わらせていては、考える力に磨きをかけることはできません。

なぜ、こんなに自転車の通行量が多いのでしょうか？

先ほども述べた通り、デンマークは幸福度や満足度が高く、ひとり当たりのＧＤＰも世界有数の高さを誇る豊かな国です。

だから、自動車ぐらい持っていてもよさそうなものなのに、少ない。

それがなぜか考えてみてください。つけ加えますと、デンマークは、９月の時点で朝の気温は10℃くらいしかなく、冬はさらに冷え込みます。普通なら車を活用する方が便利はずなのに、３割もの人が自転車通勤しているのです。

車が規制されているから？

「規制」に目をつけた人は、すごく良い視点だと思います。

でも、もう一声欲しいところです。

車の値段が高いから？

それです。どれぐらい高いかというと、車の消費税はなんと１８０％。定価が２００万で売られている車を５６０万円も出さなければ買えないのです。かなり高いことが分かりますよね。

さあ、ここは、深掘りのチャンスです。

なぜ、車の消費税が180%もするのでしょうか。

「なぜ」「どうして」が出てきたら立ち止まって考えてみましょう。推測で構いません。皆さん考えてください。

買わせないようにしている？

そうですね。高くするということは、買われたくない理由があるはずですよね。では、買われたくない理由とは何でしょうか？

環境対策のため？

確かに、それは理由のひとつだと思います。

けれど、もっと核になる理由があると私は思いました。なんだと思いますか？

自分の国に自動車産業がないため？

だいたい合っていますが、できることならあと一歩、ここは踏み込んでほしいところです。つまり、自国に自動車産業がないと、何をしなければならない？

輸入しないといけない？

その通りです。

デンマークは、自動車生産国ではありません。自動車を手に入れるには、海外から製品を輸入するしか方法はありません。

そうなると、貿易収支の問題が絡んできますよね。

ここで私は、「デンマークは貿易収支の黒字化を目指している」という仮説を立てました。

仮説を立てたら、検証してみる

仮説を立てたら、検証しなければなりません。

ご存じの通り、自動車は他の消費財に比べて高額ですから、自動車を大量に輸入すれば貿易収支は悪化します。日本や米国の新車販売台数の統計を見ていると、だいたい人口の4％程度の新車が毎年必要になります。

ここで、車に興味がある人は、ぜひ、月曜日の日経新聞の景気指標を見て新車販売台数の数字を改めて確認してください。それが、深掘りするきっかけになる可能性があるからです。関心や興味のあることは、深掘りしやすいし、頭にも残りやすいです。

貿易収支が悪化、あるいは貿易赤字になれば、その分外貨が出ていくわけですから、経済力が落ち、デンマークの人は高水準の生活を維持できなくなってしまいます。

もっと言えば、車を輸入すれば、当然、原油も輸入しなければなりませんから、さらに貿易収支は悪化します。

実際にどうなるのかを計算してみる

ここまで聞いて、何か疑問に思うこと、知りたいことはないですか？

「自動車を輸入すると、どのぐらい貿易収支に影響するのだろう？」

そう思えた人は、「なぜ」「どうして」を探るのがうまくなってきたと思います。数字化するクセもついています。

少し計算してみましょう。

まずは、デンマークの潜在的な年間の自動車販売台数を推測します。

デンマークの**人口は約550万人**です。

年間の自動車販売台数は、先ほども述べたように私の感覚では、**国の人口の4％**くらいです。それに当てはめて考えてみると、本来であればデンマークは**約22万台**の新車の販売台数が見込めると予測できます。

次に自動車の総販売価格を計算します。車1台の販売価格を2万ユーロと想定すると、**2万ユーロ ×22万台＝44億ユーロ**です。

それを輸入するわけですから、分かりやすいように、為替レートを1ユーロ＝100円とすると、デンマークでは、自動車の輸入に**年間4400億円**ものお金がかかることが分かります(繰り返しますが、その分、貿易収支が悪化することになります)。

その金額を少しでも抑えるために車に180％もの税率をかけたのです。

なぜデンマークは自転車の通行量が多いのか

仮説

車の値段が高い?

→

検証

消費税が180%

なぜ?

仮説

貿易収支の
黒字化を
目指している?

→

検証

人口550万人×4%
=22万台
22万台×2万ユーロ
=4400億円

自動車の
輸入に
これだけかかる

← だから

車に
180%もの税率を
かけている

当然、車を買い控えれば国内のガソリンの消費量や原油の輸入量も抑えられます。なおかつ、風力発電が国内の消費電力の20％強も占めていますから、さらに燃料の輸入を抑えることができます。貿易収支は大幅に改善されるはずです。

そう考えると、風力発電は、環境の観点から推進しているだけでなく、貿易収支上の観点からも推進しているのではないかと私は考えています。

ちなみに、首都のコペンハーゲン一の繁華街も訪れましたが、高級ブランド品のブティックはほとんど見当たりませんでした。

おそらくこれも、自動車と同じように大量に輸入すれば貿易収支の悪化につながるので、そうならないようにコントロールしているのではないかと思います。

「デンマークは貿易収支の黒字化を目指している」

これは間違いないと思います。

POINT!

「仮説」を立てたら、実際に数字を使って「検証」しよう

実践講座 3

なぜ黒字化にこだわるのか。再度の仮説と検証

それにしても、デンマークが貿易収支の黒字化にここまでこだわる理由は何でしょうか。ここはもう少し、深掘りしておきましょう。

私は、「高福祉の維持のためではないか」と仮説を立てました。

ガイドさんに聞いて驚きましたが、デンマークでは学校も大学院まですべて無料。大人がちょっとした勉強サークルを開く場合も、要件さえ満たせば、政府からの補助が出るそうです。

さらに、薬代を除く医療費も原則無料で、高度な医療や先進医療を受けても、患者は基本的に医療費を支払う必要がありません。

介護費用も原則無料です。高齢者が介護施設付設の賃貸住居などに入居した際も、家賃が年金の25％を超える費用については国がすべて負担してくれるそうです。

実際、コペンハーゲン郊外の人口8万人ぐらいの市の介護施設を見学する機会があったのですが、実に立派な施設でした。12室で1ユニットとなっていて、共同のキッチン・ダイニングが設けられています。介護職員も常駐しており、職員が24時間いつでも対応する体制が整っています。個室の広さはおよそ50平方メートル。帰国後に日本の同様の介護施設を見学しましたが、そこは1室当たりおよそ15平方メートルしかありませんでした。

入居者は家賃と食費を払っても、まだ手元にちょっとしたお小遣いが残るそうです。ですから、デンマークでは基本的に年金だけで暮らせないという人がいないそうです。

ただし、高福祉を維持するためには、国民に「高負担」を課さなければなりません。

先ほども紹介しましたが、デンマークの国民負担率（税負担と社会保障負担の対国民所得比）は70・9％と世界最高水準です。

個人所得税の最低税率は40％、最高税率は60％です。これはつまり、国民は稼いでもお金の半分程度は所得税で取られてしまうことを意味します。

そして、付加価値税（いわゆる消費税）も25％と、こちらも世界最高水準です。

つまり、高い税金を取られた残りを使っても、さらにまた高い税金を取られるのです。そして、こうした高福祉、高負担の国のシステムを維持するには、貿易収支を黒字にしてGDPを底上げし、財政の健全化に務めなければなりません。

そのための対策のひとつが、車の消費税の高さに表れているわけです。自動車が高いゆえ、自転車の多さにつながっていると言えるのです。

「**貿易収支の黒字化にこだわるのは、高福祉の維持のため**」という仮説を立てましたが、その見方は概ね合っているように思います。

「環境国家」と言われるこの国のもうひとつの見方として「貿易収支の問題がある」ということが分かれば、より深くこの国を理解できます。

このように、「自転車に気をつけて」というガイドさんの一言からでも、仮説を立てて検証を行っていけば、これだけのことが見えてくるのです。

POINT!
「検証」を重ねれば、「仮説の信憑性」が上がる

実践講座 4

さらに「関連づけ」てモノを見る

ところでデンマークの風力発電に関連して言えば、今、日本は福島第一原発の事故の影響で脱原発を唱える人がたくさん出てきています。

私も賛成で脱原発にシフトすべきと考えています。

ここで、「考える力」を強化するためにも、今度は、自然エネルギーに「関連づけ」てお伝えしたいと思います。

私は元々、原発賛成論者でした。日本は資源のない国ですから、原子力発電をしないとおそらくＣＯ２の削減もできませんし、資源高のあおりを受けて貿易収支が悪化し、国がもたなくなるのではないかと考えていたからです。

今も、新興国の発展により将来の資源高によって国の経済が厳しくなるという見方は変わりません。

しかし、それは原子力発電所が安全だということが大前提の話です。原発が安全ならば、推進することが経済の観点から見て効率的だと思っていましたが、**今回の事故で、その脆弱性が明らかになった**わけですから、容認することはできません。

日本はこの先も、大規模な地震に見舞われる確率は低くありませんから、依然として、今回の福島原発のような大事故が起こるリスクを抱えていることになります。

もうひとつ、懸念しなければいけないことがあります。何だと思いますか？

それは、原発があることで、北朝鮮などからの**テロの標的になりうる**ということです。日本は、テロに対応できるほど原発を警戒しているとはとても思えません。もしも、原発をテロ攻撃されれば、核弾頭を積んだミサイル攻撃を受けたのと同じことになりかねません。その意味でも、原発を保有しているリスクは非常に高いと思います。

これらのリスクを考えれば、原発はすべて廃止してしまうのが一番良いのです。

今すぐにというのは電力不足もあり難しいと思いますが、適切な調整をした上で5年後あたりを目処に全廃する計画を進めた方がいいと思います。

停止させるタイミングは、核燃料を交換するときです。原発は、数年に一度、定期点検と称して核燃料を交換します。そのタイミングで順次停止させていくのです。

自然エネルギー技術を輸出産業に！

そこで、考えなければならないのは、代替のエネルギーをどうすればよいかということですよね。

少し遡りますが、2011年4月22日づけの朝日新聞によると、もっとも普及する可能性が高い自然エネルギーは風力発電であり、稼働率などを考慮しても、最大で原発40基分の電力量が見込めるそうです。これは環境省が発表した「平成22年度再生可能エネルギー導入ポテンシャル調査の結果について」の試算結果に基づいた記事です。

計算上の話とはいえ、ここで大事なのは、原発に頼っていた電力を代替エネルギーで賄うことは「不可能ではない」という点です。私たち日本人は、震災を機に、**風力発電を筆頭に、太陽光発電や地熱発電などの自然エネルギーを模索する段階に来ている**と思います。

もちろん、自然エネルギーは電力供給量にブレがあります。

しかし、先ほどの環境省の試算によると、風力発電なら、風が吹いているときだけしか発電できないため、稼働率を24％と仮定しても原発7～40基分の電力を賄えるそうです。そう考えれば、太陽光発電、地熱発電を併用すれば、電力需要を上回る電力を賄える可能性があります。

例えば、家庭用の電力は太陽光発電を利用して、製造業をはじめ、ある程度大口の電力は風力発電で少しずつ賄っていき、原子力エネルギーの分をカバーしていく。このやり方なら、自然エネルギーで電力を供給することは決して不可能ではないと思います。さらに、その技術をどんどん高めていけば、輸出産業にすることもできるのではないでしょうか。

すでに日本の技術は、特に太陽光パネルなどは世界でもトップクラスです。量産すればするほど価格は下げられますから、輸出産業になり得る分野だと思います。

日本は、デンマーク同様、原油を輸入しなければならない国です。資源の無い国が、自然のエネルギーを電力に変えていくという政策を行っていかないと、新興国の発展によって、この先、資源価格が高騰したら貿易赤字も膨らんでいってしまいます。

逆に自然エネルギーを使って、その産業を育成できれば、貿易黒字にも国内産業の発展にもつながっていくはずです。特に、東北地方をそういう分野で伸ばせるようになれば、産業の空洞化もある程度は抑えられるかもしれません。

エネルギーを減らして、エコな工場などをたくさん建設できれば、長期的にはコスト削減になる可能性も高く、企業が工場を海外へ移転する流れを減少させることができるでしょう。

今、日本の再生可能エネルギーは全体の10％ぐらいしかなく、その大部分が水力発電です。太陽光や風力は全体で見ると1～2％しかありません。風力発電や太陽光発電の技術開発を進め、日本の輸出産業として育成すれば、工場のあり方も変えられるかもしれません。今こそ、産業構造を変えるべき段階に来ていると私は思っています。

さて、デンマークの話から、物事は、深く掘り下げられること、様々なことに関連づけられることが分かってもらえたのではないでしょうか。

日々の生活の中で、意識して関心を持つ、関連づける、仮説を立てて検証する。

これを繰り返し、数字などで具体化することを心がけていけば、さらに関連づけていろんなことを考え、考えを深めていけるはずです。そうすれば、必ず、「考える力」は飛躍的に上がり、それに伴い論理レベルも高くなるはずです。そして、良質のアウトプットを、より早く出すことができるようになるのです。

POINT!

「関心（関連づけ）」→「仮説」→「検証」を習慣に！

第4章

良質な
アウトプットを
生み出す！

「書く」を
最速化する技術

あとはアウトプットのみ

「読む力」と「考える力」を強化し、良質なインプットをしたら、いよいよ、アウトプットです。

本書で何度も述べてきましたが、仕事は良質なアウトプットがすべてです。

「書く」「話す」「まとめる」などの良質なアウトプットを出し続けて初めて、質の高い仕事がたくさんできるようになり、仕事も速くなります。そして、周りからの評価が高まるのです。といっても、構える必要はありません。アウトプットは、基本的には、インプットしたものを、必要に応じて出せばいいからです。

「読む力」や「考える力」が自分のモノになっていれば、あとはちょっとしたコツをマスターするだけ。書くには、ちょっとした「論理構成」のコツもありますから、この章では、それも説明します。さっそく、その方法を見ていきましょう。

「書く」を最速化 1

「ブログの日記」で訓練する

企画書を作る、**報告書を書く**、**メールを書く**、**レポートを書く**など、ビジネスマンが何かを書く場合、「必要に迫られるから書く」ことが多いはずです。ならば、何を書かなければいけないか、そのテーマについては、ほぼ決まっていると思います。

業務の進捗状況などを上司に伝える報告書であれば、報告日、件名、進捗状況の詳細を簡潔に書くなど、報告する内容も、書くべきことも決まっていますよね。

だから、難しいことは考えず、あとは書くだけ。

思いついたことからどんどん書けば良いのです。1章のスタートダッシュのところで、「まず、手をつける」話をしましたが、書く場合も同じです。まず、書いてみるのです。と言っても、「いざ、書くとなると身構えてしまう」という声もよく聞きます。その抵抗感を小さくするためには、普段から書くことを習慣化するのが有効です。

そういう人のために、訓練になるのが日記です。

日記と聞くと、それだけでハードルが高いと感じる人もいるようですが、百聞は一見にしかず。まずは、次のページの私の日記を見てください。これは、会社サイトのコンテンツのひとつ「小宮コンサルタンツＢｌｏｇ」の、ある１日の日記です。サイトに訪れた人に、私がどんな活動をしているのかをお知らせするために書いています。見れば分かる通り、**その日にあったことを時系列順に書き記しているだけ**です。

日記を書くなら、自分が何を感じたとか、どう思ったなどをいつも入れなければいけないと思う人もいるようですが、そんな必要はありません。

その日の終わりに、自分が今日１日何をしていたのかを思い出しながら記していく。メモをちょっと整えて文章化する感覚で書いてみてください。これなら、身構えることなく、誰でも書けるのではないでしょうか。

分かりやすくまとめる力をつける

私は、基本的には３６５日、このブログを書いています。海外出張先でネットがつながらない環境にいるときは更新できませんが、最近は、どこの国でもつながることは多いので、ほぼ書くことができています。

2011年11月21日（月）

尾張一宮で検診、富士市で講演、尾張一宮に戻る＊小宮

7：10東京駅発ののぞみで名古屋へ。車中で明日リリースのメルマガを書く。名古屋で東海道線快速に乗り換え、尾張一宮へ。

尾張一宮の顧問先さんの病院に9：30少し前着。定期健診。11：00前に終了。

一宮で少し早い昼食をとり名古屋へ。

名古屋駅12：28発のこだまで新富士へ。車中と新富士駅で原稿を書く。

15：00から富士市内の顧問先さんで講演。主に経済情勢をお話しする。17：00まで。

新富士駅まで送っていただき、17：42発のこだまで名古屋経由尾張一宮へ戻る。20：00過ぎにいつもの駅前のホテル着。

明日は、7：30から顧問先さんの会議。会議終了後東京に戻り、午後から来客1組、その後顧問先さんの幹部会に出席。夜は経営基本講座で講義の予定。

もちろん、出張先で気づいたことがあったり、その時々の経済情勢で気になることがあれば、その都度、プラスして意見や感想などを書くことはありますが、基本的には、時系列順に何があったかを記すだけです。

このブログは3年前からはじめましたが、やっていて良かったなと思うのは、**より簡潔にまとめる力が身についた**ことです。ブログには、必ず**タイトルもつけるようにしていますが、これも、文章を要約する練習になっています**。ビジネス文書は、要点を的確に、分かりやすくまとめるのが鉄則だと思いますが、まさにその練習に最適です。

書くスピードもアップしましたから、皆さんにもおすすめします。

誰に読ませるのかを意識する

もうひとつ、ブログを書く大きなメリットだと感じたのは、「**人に見られる前提で書いている**」という点です。人に見られるということは、「**誰が読んでも分かりやすい文章**」**を意識する**ようになります。

そういう意識を、ブログを書いている限り、毎日持ち続けられるので、本の原稿を書くときも、今まで以上に「読者の視点」に注意を払うようになったと思います。

皆さんも、何かを書くのは、誰かに見せる、知らせる、発表するため書いているはずです。人に見られる文章を意識する意味でも、「ブログで日記」はおすすめです。日記は、できれば毎日書いてください。

その日にあったことを記すだけですから、1日書くだけなら誰でもできます。でも、それを1カ月、1年と続けられる人になると限られます。

それほど、継続することは難しいわけですが、ひとつのことを徹底して継続できるようになれば、間違いなく、他の人よりもできることが増えます。だから、まずは1年、続けてみてください。

英語日記も効果的

実は、私はもうひとつ、就寝前に「3年連用日記」にも日記を書いています。こちらはもう20年目になりました。ブログも3年連用日記も、その日にあったことを書くのですが、こちらは個人用なので、実際に訪問した先や相手の名前も実名で書いています。ちなみに、**3年連用日記の方は英語で**書いています。

英語で日記を書くのは、単純に、英語を忘れないようにするためです。と言っても、「誰と会った」とか、「どこへ行った」という内容を英語にするだけですから、難しい構文や英単語は出てきません。慣れてしまえば誰でもできる程度の内容です。

日記は、その日を省みる意味もある

ところで、日記を書くのは、「書く力」を高めるだけでなく、もうひとつ大きな効果があります。それが、1日1回は「**自分を省みる**」ことができる点です。

なぜ、自分を省みなければならないのでしょうか。『論語』には、その大切さを説いた有名な一文があります。

われ日に三たびわが身を省みる。

これは、孔子の弟子、曾子の言葉です。「三たび」というのは「三回」ではなく、「たびたび」「何度も」という意味。つまり、1日に何度も自分を省みなければならないということです。

うまくいっているときは、自分を省みることを忘れ、うまくいかないときは相手のせいだと責任転嫁して逃げてしまうことは多いもの。でも、これでは何の進歩もありません。自分を省みる習慣のない人は成長しないのです。

ベストセラーになった名著『ビジョナリー・カンパニー2』という本には、次のように述べた個所があります。

成功を収めたときは窓の外を見て、成功をもたらした要因を見つけ出す。結果が悪かったときは鏡を見て、自分に責任があると考える。

（ジェームズ・C・コリンズ著『ビジョナリー・カンパニー2　飛躍の法則』日経BP社）

成功している人ほど、うまくいったときは「○○さんのおかげだ」「運が良かった」などと自分以外の成功要因を口にして、逆に失敗したときは、他人のせいにせず我が身を振り返って、そこに原因を求めています。

この姿勢こそが大切なのです。１日１回自分を省みる。その際に最適な方法が日記をつけることだと私は思っています。

反省の「省」という字は「省く」という意味もあります。**我が身を振り返り、悪いことやムダなことを省いていけばいい**のです。「毎日、日記をつける」ことで、何を省いたらいいのか、気づきをもらえると思います。

POINT!

ブログや日記で、「まとめる力」「伝える力」「反省力」を高める

「書く」を最速化 2

「バリュー」と「インパクト」を意識する

次の文章は、どちらもGDPについて書かれたものです。読み比べてみてください。

1　GDPとは国内総生産だ。現在の日本のGDPは～

2　GDPが下がると、私たちの給与も下がる可能性があることを知っていますか?　GDPとは国内総生産のことですが～

どちらの文章が印象に残るでしょうか?

多くの人が、「2」を選ぶのではないかと思います。

なぜなら、「2」の方が「**私たちの給与**」**という身近なことに結びつけて書きはじめているため**、興味を惹くからです。

文章を書くというと、起承転結に当てはめようとしたり、時系列にそって書き進もうとしたりするなど、文章を整理して書こうとするあまりつっかえてしまう人がいます。しかし、それよりも**何を強調して書くかを強く意識すべき**です。

私は、それを「**バリュー**」と「**インパクト**」と呼んでいます。

ここで言う「バリュー」とは、相手にとっての価値です。価値のあることを書かなければ、相手に伝わりません。

GDPについて、知識がない人に話すとき、GDPとは何かといきなり説明から入るよりも、GDPと給与が密接に関係しているんだという書き出しから入る方が、相手は自分にとっての価値を見出せます。

つまり、ビジネスシーンで「書く」というのは、自分が書きたいことを書くのではなく、相手が何を求めているのかを考えながら書くべきものなのです。もっと言えば、相手を思いやる姿勢が不可欠なのです。

私は、マクロ経済や金融など自分の専門分野について文章を書くときは、読者によって書き分けます。

例えば、金融関係の専門家に向けて書くときは、特に意識せずに日本や世界を取り巻く経済情勢について述べていきますが、これが、学生に向けて書くときは、経済に詳しくない人でも理解できるように、なるべく噛み砕いた表現で書くと思います。

皆さんも、ビジネスシーンで何かを書くときは、お客さまや社内の人、あるいは上司など、誰に向けて書くのかあらかじめ決まっていますよね。

その人にとって価値があると思えることは何かを最初に考えてください。

相手にとって、どんな情報に価値があるのか。

簡単に理解できる解説か、最先端の情報か……そこを考えながら書いていけば、おのずと何を強調すべきか見えてくると思います。

同じ内容でも書き方でこんなに違う

一方、「インパクト」とは話の山場をいくつか用意することです。

相手の気持ちをグイと引きつける仕掛け作りと言えます。
例えば、次の文を比べてみてください。

1　新聞広告の中で、「0120」がつくフリーダイヤルの電話番号の数が増えると、社名や新製品のイメージ広告が減り、売り上げに直結する通信販売系の広告が増えたことを意味する。つまり、「0120」の広告が目につくようになると、景気が悪くなったという見方ができるのだ。

2　「0120」の広告の数で、景気の良し悪しが分かるのをご存じだろうか。「0120」は、主に通信販売系の広告だ。それが増えて、社名や新製品のイメージ広告が減ることは、景気が悪くなったことを意味する。「0120」の数は、時代や経済状況を反映するバロメーターになるのだ。

どちらも同じことを述べていますが、どちらが印象に残りますか？

大部分の方が「2」と答えるでしょう。

とはいえ「2」は、特別に奇をてらったことが書かれているわけではありません。「1」との違いは、文章の冒頭で、「ご存じだろうか」と**疑問を投げかけ**、最後に、「時代や経済状況を反映するバロメーターになる」と**まとめている**程度の違いです。

けれど、読む人にインパクトを与えます。

要は、**文章のメリハリをちょっとつけるだけで、与える印象はガラリと変わる**ということです。慣れないうちは、そこまで頭が回らないかもしれません。

まずは「相手が何を求めているか」を念頭に置きながら書いていく。

そして、それをできれば文章の最初に置く。

そうすれば、少しずつインパクトを出すべき個所が分かり、話の山場も作れるようになると思います。


POINT!

読み手にとって「価値があることは何か」を考えて書く

「書く」を最速化 3

論理的に書く

書き慣れないうちは、「まず、書いてみる」のが大原則ですが、例えば、レポートなど少し長い文章を書く場合などは、ある程度の構成を考えてから書き進めた方が書きやすい場合があります。

このとき、覚えておくと便利なのが、「序論—本論—結論」の論理展開です。

国語の授業で「起承転結」は習ったと思いますが、今の新聞やビジネス書などを見れば分かる通り、この書き方を見かけることは少なくなっています。

それよりも、「序論—本論—結論」の流れ、すなわち、**導入部分があり**（序論）、**核になる話を述べて**（本論）、**最後にまとめる**（結論）という順番で書くのが一般的です。

ひとつ、例を挙げてみます。

会社に来てしっかり働きもせず、ぷらぷらしている人がいることがある。遊んでいるとまでは言わないが、のんびりしているのがよいと勝手に決め込んで、会社もそれを見て見ぬふりをしている。これは本人にも会社にも不幸なことだ。

職場とは働く場所である。遊びに来たり、のんびりしに来るところではない。しっかり働く人を作るには、その当たり前のことをまず、はっきりとさせておかなければならない。社員全体が、自分の能力を十分に出して働くという社風が大切だ。

そのためには、トップや幹部が率先して働き、そして、そういう考えを常に発信しなければならない。「そんな当たり前のことを」と思うかもしれないが、その当たり前のことができないから会社はおかしくなるのだ。

そういう当たり前のことを言うには、ときに勇気がいる。しかし、信念があれば勇気は出る。「会社の皆が一生懸命お客さまのために働き、その結果、お客さまも自分達も幸せになるのだ」という信念があれば、それくらいのことは言えるはずだ。

（『できる社員はこうして育てる！』ダイヤモンド社より）

これは、典型的な「序論―本論―結論」の文章です。

序論……会社でしっかり働かない人がいるという導入

本論……職場は働く場所だと認識するべきだという主旨

結論……その考えをトップが発信し、自ら率先して行動するべきだというまとめ

この「序論―本論―結論」以外にも、結論を先に述べて、核になる話をいくつか述べる「**結論―本論―本論**」や、はじめと終わりに結論を挟む「**結論―本論―結論**」など、論理展開する上では、いくつかのパターンがあります。

これらの論理パターンを頭に入れておけば、あとは、読む人が誰かによってバリューとインパクトを考え、もっともスムーズに読める論理展開に当てはめていけばいいだけです。

ビジネス文書は最初に結論がルール

特にビジネス文書を書く場合は、「最初に結論ありき」というルールが半ば一般化していています。ビジネス文書を読む相手は、忙しい合間を縫って読むことが多いですよね。だから、**はじめの数行でまず結論を述べ、そのあと詳しい説明をする**方が簡潔で好まれるのだと思います。必ず、結論を先に持ってくる必要はありませんが、書き手にとっても、書きやすい論理展開です。

〔主張と根拠〕「私はこう思う。なぜなら」

その他、明確に論理展開したいときは、〔**主張と根拠**〕や〔**対立**〕、〔**並立**〕なども覚えておくと便利です。それぞれ、簡単に説明しておきます。

〔**主張と根拠**〕とは、まず書き手の意見や想いなどの主張を述べ、そのあと根拠を説明する方法です。次の一文を見てください。

私はかねてから「税金は消費税一本にすべきだ」と思っています。
税の不公平感を払しょくできると思うからです。

まず、「**私は〜だと思う**」と**主張**し、次に「**〜だから**」と**根拠**を示しています。根拠を示したあとで、根拠の裏づけになることを述べていくという論理展開です。

〔対立〕「Aは○○に対し、Bは△△だ」

続いて、〔**対立**〕とは、今と昔、東京と大阪、米とパンといった具合に、比較対象になる2つの事柄を並べて展開していく方法です。2つのものを比較しながら説明したい場合に有効です。例えば、次の文章を読んでみてください。

> 買い手側が有利になった時代ということを言い換えると、「プロダクトアウト」の時代から「マーケットイン」の時代に移っていると表現することができます。
>
> プロダクトアウトとは、プロダクト（製品）をアウトする（出す）ということです。つまり、作り手側の発想で商品をつくって市場に投入し、市場がどう反応するかを考えるという意味です。
>
> これに対してマーケットインは、まず市場ありきで、マーケットの中で何が求められているのかを考えることが原点となります。お客さまの視点に立って考えるのがマーケットインの発想です。
>
> （「経営という仕事」ビジネス社より）

ここでは、プロダクトアウトとマーケットインという**2つの言葉を比較して、それぞれの説明**をしています。これが〔対立〕です。

〔並立〕「ひとつは～、2つ目は～」

最後の〔**並立**〕は、要点を並べながら説明していくという論の展開方法です。一例を挙げておきます。

私は、経営コンサルタントの仕事をしている中で、しばしば「『お客さまのため』をモットーに頑張っているのに、全然結果が出ないんだけど……」という声を耳にしました。

結果が出ないのはなぜか。理由は2つのことが考えられます。

ひとつは、まだまだ「お客さまのため」が足りていないから。「お客さまのために良い仕事をしよう」という方向性は間違っていなくても、もっとお客さまのために何かできることがあり、そのために結果が出ないというケースです。(中略)

もうひとつは、そもそも正しい考え方ではないから。「お客さまのため」を実践しているわけですから、一見正しく見えますが、実はお金を儲けるため、その手段として「お客さま第一」を掲げているのです。しょせん、金儲けが目的ですから、最初は順調に売り上げや利益が出ても、必ず行き詰るときがやってきます。
（「ぶれない人」幻冬舎より）

「理由は2つのことが考えられます」と述べたあと、それぞれの理由を説明しています。「ひとつ、2つ、3つ」などの数字に関する言葉や、「まずは」「次に」など要点を並べる言葉が出てくる文章は〔並立〕の文章です。

〔並立〕は、皆さんも意識していないだけで、日頃からけっこう使っているのではないかと思います。論理展開しやすいので、文章を書く訓練にもなります。

もうひとつ、私が月に2回発行しているメルマガの中で、〔並立〕の論理展開を使って書いた文章の全文も載せておきます。これが、毎月2回発行しているメルマガです。約3枚を、調子が良いときは15分ほどで書きます。発行日は、2011年4月4日。東日本大震災後に、号外として発行したものです。

「おめでとうのなかった入社式」
毎年4月1日には、非常勤の役員を長くさせていただいている会社の入社式に出席します。その会社には、ずいぶん前、まだその会社が現在の20分の1程度の規模の時に勤めていたこともあるので、会社が発展し、多くの優秀な新入社員さんが入社されるのを見ることができるのを毎年楽しみにしています。

しかし、今年の入社式は少し雰囲気が違っていました。37名の方を迎えての入社式でしたが、「おめでとう」の言葉がなかったのです。それにはもちろん理由があります。その会社では東北地方の拠点のうち6カ所が使えなくなるほどの被害を受け、1か所は完全に流出、亡くなった方、行方不明の方もいらっしゃる中での入社式だったからです。東北地方から参加した新入社員たちは、前日に役員が車で迎えに行った状況でした。業績にはそれほど大きな影響がないものの、やはり仲間や拠点を失った悲しみは想像以上のものがあり、とても「おめでとう」とは言いづらい状況だったのです。トップはじめ経営幹部は、おめでとうの代わりに「入社していただき有難う」と新入社員たちに声をかけていました。

私は毎年、入社式の後に、新入社員さんたちに1時間半の講演をさせていただくのですが、その冒頭で、あえて「おめでとう」ということを言いました。

4つの意味でです。

ひとつは、皆さんもご承知のように、今年の新人さんたちは、就職氷河期よりも厳しい、非常につらい就職戦線を勝ち抜いた人たちです。そのことにまずおめでとうと言いました。

2つ目は、彼らは非常に良い会社に入社できたことです。この会社は先にも書いたように、以前私が勤めていたことやその後も長く役員としておつき合いをさせていただいていますが、経営姿勢も業績も良い会社です。また、非常に立派な経営者をいただくという点でも、大変良い会社なのです。経営コンサルタントの私にとっては、お客さまである企業は私にとってプライドの源泉ですが、とくに、この会社は、私の会社同様、私にとっては最大のプライドの源泉なのです。その会社に彼らが入社できたことは、彼らにとって非常にラッキーだと思ったのです。

3つ目は、厳しい時期に彼らが入社したことに対してです。この会社にとっても、日本にとっても非常時です。こういう時期に入社した経験は、必ず彼らの将来に役に立つと私は確信しています。

そして、最後は、この会社や日本の国に対して、おめでとうと言いたかったのです。こういう大変な時期に素晴らしい新入社員を迎えることができたことは、この会社にとってこの上もない喜びです。また、この困難な時期に、新たに社会人となり、この会社だけでなく、この国日本を支える仲間入りをしてくれたことは、日本にとっても大変有難いことだと言えます。彼らは、この会社、そしてこの国日本にとっての希望であり、夢なのです。

このあと、講演では社会人として、正しい考え方とは何かということをお話ししました。少しでも彼らの将来に役立てば私にとってこれ以上の喜びはないと思っています。今年社会人となった多くの人たちに幸多かれとお祈りするとともに、この国日本が早く立ち直ることを願ってやみません。

【小宮一慶】

メルマガにある通り、非常勤の役員をさせていただいている会社で講演をしたとき、4つの意味を込めて新入社員に「おめでとう」を言いました。

それを、「ひとつは」「2つ目は」「3つ目は」「そして、最後は」と〔並立〕で説明していきました。読みやすい論理展開だと思うので参考にしてください。

こうした論理的な文章に加え、バリューとインパクトを上手に盛り込むことができるようになれば、「書く力」には相当磨きがかかったと言えると思います。

POINT!

「序論―本論―結論」「主張と根拠」「対立」「並立」などを使う

主張と根拠

主張 → 根拠

私はこう思う

なぜなら〜

対立

A ↔ B

Aが○○に対し、Bは△△だ

並立

1 → 2 → 3

ひとつは〜、2つ目は〜、3つ目は〜

子どもでも分かる、読みやすい文を目指す

子どもに説明するつもりで書くことも、文章力の強化に不可欠です。

文章を書くときには、**いかに分かりやすく説明できるか**を心がけたいものです。

私は以前、ある新聞で子ども向けニュースのインタビューを依頼されたことがあり、そのとき、このことを教わりました。テーマは、「GDP」でした。

経済に詳しい大人に説明する場合は、「GDPは国内総生産で、一定期間内に国内で生み出された各企業の付加価値の総額です」と話せば良いのですが、子どもが相手の場合、まず、「付加価値」などの単語から説明が必要になります。

これが実に厄介で、「付加価値」を辞書で引けば、「生産過程で新たに加えられた価値」になりますが、すると今度は、「生産過程」や「価値」という単語の説明が必要になります。説明するのに、いつもの何倍も時間がかかってしまいました。

日本経済新聞 親子教室 NIKKEI PLUS 1（2010年2月13日）より

僕たちにも景気判断ができる!?

次に2人が訪ねたのは小宮コンサルタンツ（東京都千代田区）の小宮一慶さん。

「新幹線からも景気が見えるよ」と切り出した。

「どういうことですか?」と目を輝かせるニッくん。

「隣に人が座るかどうかが景気の指標になるよ」

新幹線で小宮さんはたいていグリーン車に乗るが、その込み具合が景気の状況を表しているという。景気悪化が始まる前の2006、07年ころは、隣に人が座ることが多かったが、現在は空いていることのほうが多いらしい。

小宮さんによると「商店街やスーパーの人手、買い物袋の数も景気指標になる」。家庭のお財布のなかにお金が十分に流れてきているかどうかがわかるという。

「スーパーで人手や袋を定点観測してみるといいよ」とアドバイスしてくれた。

分かりやすく、噛み砕く

身近な例を取り上げる

でも、これが大事なのだと感じました。

子どもにも分かるほど噛み砕いて書くことができる人は、誰に対しても分かりやすい文章が書けます。

論理的思考力をアップさせるトレーニングとしても最適です。

さらに、分かりやすさと同時に、読みやすさを追求するのも大切です。

当然ですが、誤字脱字は厳禁です。メールを返信するときも、ブログの日記を書くときも、とにかく、どんな文章でも、書いたら読み返す習慣が必要です。

また、一文は長くても3行、120字程度に収める方が読みやすいです。

こうしたことに注意を払うのも、読みやすさに直結します。

また、分かりやすさ、読みやすさという点では、新聞記事には見習うべきところがたくさんあります。

次の新聞記事を見てください。

日本経済新聞（2011年11月7日）より

ラニーニャ、今冬顕著に

今春、終息したばかりの「ラニーニャ」現象が再び発生、拡大し始めている。1年に2度も起きるのは気象庁が統計を取り始めた1949年以来初めて。「ラニーニャもどき」という状態を挟み、実質的にはラニーニャが昨夏から続いているとの見方もある。ラニーニャはこのまま顕著になり、西日本～東日本で当初の予想に比べ寒い冬になる公算が大きい。

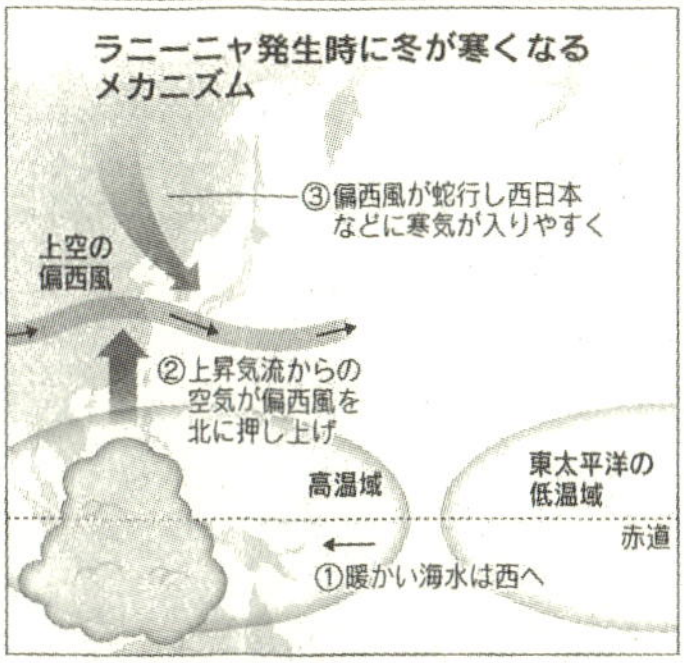

「もどき」挟み今年２度目

天候、予想より寒く？

科学技術

ラニーニャは東部太平洋の赤道域の海水温が平年より低くなる現象。直近のラニーニャは昨夏に始まり、今春終わったとみられていた。

長期間続いたラニーニャ

1954年4月～56年2月	23カ月
70年5月～71年12月	20カ月
98年8月～2000年4月	21カ月
10年7月～12年？	「もどき」を含め19カ月以上？

ところが米海洋大気局（NOAA）やオーストラリア気象局は9月に、ラニーニャが再び始まっており冬にかけて拡大するとの予測を明らかにした。気象庁も10月中旬、「ラニーニャの状態に近づきつつある」との監視速報を出した。

タイの洪水をもたらしたインドシナ半島の4カ月に及ぶ長雨も、ラニーニャのために東部インド洋の水温が高くなった影響などによるという。

▼ラニーニャ　南米沖の東部太平洋赤道域の海水温が平年に比べ低くなる現象。西部太平洋のインドネシアやオーストラリア付近の海水温は逆に平年より高く、蒸発が盛んになって降水量が増える。海水温の傾向がラニーニャと逆の場合はエルニーニョ現象と呼ばれる。いずれも大気の流れに影響し、異常気象の要因とされる。

大きな記事は、見出しと本文以外に、リード文や、必要に応じて図表も入っていますよね。この記事では、ラニーニャ現象について、再び発生、拡大しているという記事の主旨をリード文で述べ、以降、本文で詳しく説明していますが、「ラニーニャ」という語彙の説明や、ラニーニャ発生時に冬が寒くなるメカニズムについて図入りで説明もしています。

これなら、ラニーニャがよく分からない人も、記事を読めば基本的なことのほとんどを理解できます。

自分が知っていることであっても、相手は知らない可能性がある。

その前提で文章は書くべきです。ラニーニャの場合、読み手が気象の専門家であればこんなに丁寧な説明は不要ですが、それ以外の人に伝える場合は、できる限り、誰が読んでも分かるような文章を心がけるべきなのです。

POINT!

誰が読んでも分かるように書く

「書く」を最速化 5

「書く力」を「話す力」に生かす

アウトプット力とは、「書く力」だけでなく、「話す力」も含まれますが、話す力は、書く力と非常に強い相関関係があると経験上私は思ってます。

書ける人は話せるし、話せる人は書けるというのが私の持論です。

「話す力」を伸ばすには、基本的には、これまで「書く力」で述べてきたことを応用すればいいだけです。すなわち、誰に話すのか確認してテーマを決め、話す前におおよその構成を考え、話すときは、「バリュー」や「インパクト」を意識すればいいということです。166ページで、次の2つの文章を読み比べてもらいましたよね。

――ＧＤＰとは国内総生産だ。現在の日本のＧＤＰは～

2　ＧＤＰが下がると、私たちの給与も下がる可能性があることを知っていますか？　ＧＤＰとは国内総生産のことですが〜

「２」のように書く方が相手の印象に残るというお話をしましたが、これは話す場合もまったく一緒です。同じ話をする場合でも、何から話しはじめるかで、聞き手の反応はまったく変わるものだからです。

金融の専門家に、マクロ経済の核心部分から話しても違和感なく受け入れてくれますが、新入社員に同じ話をしたら、ついていけないとか、難しいと思う人が出てきてしまうと思います。

でも、同じマクロ経済の話をするにしても、はじめに、下町の商店街の経済状況から話しはじめ、それをマクロ経済に結びつけていけば、新入社員の人にも最後まで興味を持って聞いてもらえるのではないでしょうか。

相手が何を喜ぶかを意識しながら話すことこそ、「話す力」を高めてくれるのです。

バリュー	相手が何を喜ぶか?
インパクト	何を話せば印象的か?

もしも新入社員に話す場合

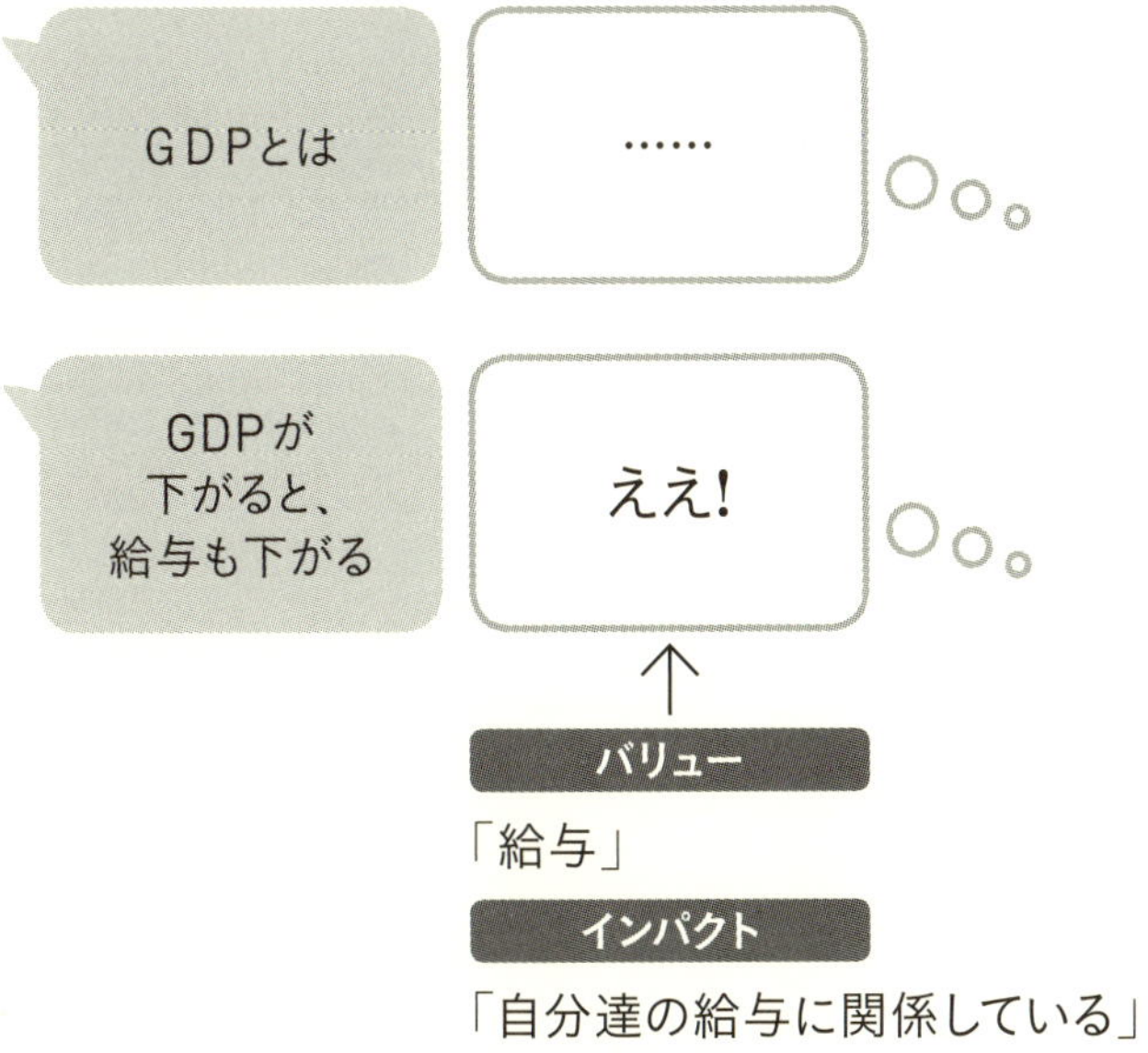
GDPとは
……
GDPが下がると、給与も下がる
ええ!
バリュー
「給与」
インパクト
「自分達の給与に関係している」

ですからお客さまに何かを説明するときも、その人が新人なのか、上司なのか、技術畑の人なのか、要は、誰に話すのかを明確にして、テーマや構成を考えていけば良いと思います。

はじめのうちは、いきなり「バリュー」や「インパクト」のことまで考えられなくても構いません。経験を積むうちに、特にどこを強調して話せばいいのか、コツはつかめてくるはずです。

「話す力」は、ある程度の〝慣れ〟も必要になります。

人前で話すことになりますから、緊張の度合いによっても相手の印象を大きく左右するからです。当然、話し慣れている人の方が上手く話せますから、聞き手の好感度は上がりやすいと言えます。

私は、今は年間２００回近く全国各地で講演や研修をさせてもらっているので、数百人の前で話してもまったく緊張しませんが、これは単に慣れればいいだけの話です。

はじめは、何を、誰に、どこまで話すかを決めておき、それに沿ってきちんと話せれば及第点としましょう。

慣れてきたら、聞き手の反応を見ながら話す余裕が出てくると思います。

日頃から考えていれば、準備しなくても話せる

ここで、話すことについて、もう少し私の持論を説明しておきます。私は、先にも述べましたが、年間約200カ所、全国各地で講演や研修をしています。

テーマはあらかじめ決め、統計データが必要な場合は社内のスタッフに用意してもらいますが、そのテーマでその日に具体的に何を話すかについては、英語で話す場合などを除いては、講演会の当日、移動中の5分ほどのわずかな時間を使って考えて終わり。ほとんど準備せずに、あとは本番で話をするのみです。

手を抜いているわけではありません。日ごろから考えていること、勉強していること、実践していることを話すだけですから。

2章でもお伝えした通り、私は毎日、新聞を読んでその背景にある経済情勢を考え、必要だと思う記事はストックしています。

電車に乗れば乗り合わせた人を観察したり、新幹線では、車窓から見える大きな看板の数から経済を予測することもあります。経営コンサルタントが本業ですから、経営については、毎日、いろんな会社の経営の現場にいて知恵を出しています。

小さな会社の経営もしています。財務諸表の読み方なら、会計大学院で特任教授をしていたこともありますから、その程度のレベルはもっています。

要は、日頃から様々なモノを見聞きしながら、アウトプットの準備をしているようなものです。

だから、わざわざ、講演会のために準備をしなくても話せるのです。

1時間の講演のために、5時間の準備をして分厚いファイルを用意した。失礼ながら、私から言わせれば、それは時間のムダです。普段の準備ができていないからです。論文の発表ならともかく、そこまで直前に準備しないと人前で話せない時点で、自分のモノになっていないことを露呈しているようなものです。

その程度のレベルで講演や研修するなど、講演に来てくださるお客さまにも失礼です。私は、完全に自分のモノになっていること以外は話しません。

POINT!

相手に合わせて話す内容を決める

第5章

さらに
上のレベルを
目指したい
あなたに！

仕事の質と効率を押し上げる極意

仕事が速くなるマインド力 1

一流になる

本書の最後に、「良質な仕事を効率よく進める」ためにに心がけてほしいことをお伝えします。次から述べることとは、主に、仕事への向き合い方についてです。

考え方が行動のベースになるわけですから、マインドを根本から変える、あるいは見直すことで、インプット力、アウトプット力がつき、あなたの仕事がより質の高いものになっていくはずです。

仕事をするからには、一流を目指してください。

右から左にこなせるようになった状態は、一人前の状態です。

一人前とは、「一応の水準に達している」という意味ですが、**これは要するに、二流のこと**です。二流でも仕事をするのに支障はありませんし、周囲から文句は言われません。

厳しい言い方ですが、多くの人がその状況に甘んじて二流止まりです。

仕事は甘くない。まずはそれを認識すべきです。


では、二流から一流になるにはどうすればいいのでしょうか。

唯一の方法は、仕事の一番奥深いところを追求することです。


専門書を深く読み込んでもいいし、ここまで説明してきたようにひとつのテーマや仮説を立てて検証を繰り返して深掘りしてもいい。

「一歩踏み込む」ことです。

とにかく、一歩踏み込んで仕事をし、かつ、続ける。それしかありません。

一流になるには、一流の人とつき合うこと

大変生意気な言い方ですが、私は一流になる可能性のある経営者のみと仕事をしています。「一流＝大企業」という意味ではありません。

むしろ、私の顧問先さんは中小企業が圧倒的に多いです。

一流になるのに、会社の規模の大小は関係ありません。

大事なのは、経営者自身の考え方と姿勢です。お客さまのため、社会のために良い仕事をする。そして、そのために自ら常に研鑽するという正しい考え方を持っていれば、一流になれる素質があります。

もちろん相手も、私が二流止まりか、一流になる素質があるのかを見極められて雇っているはずです。

ですから私は、経営コンサルタントとしてのプライドに賭けて、良い仕事をして、お客さまに認められる存在になろうといつも思っています。

これはどんな職種のビジネスマンでも同じことです。

一人前で満足せず、一流を目指す。

どんなときにも一歩踏み込み、そして、毎日少しずつ、紙一重の努力を積み重ねていくことで、必ず一流の扉は開かれます。

POINT!

一人前ではなく、一流をめざそう

仕事が速くなるマインド力 2

最初は時間をかける

仕事を速くするには、まずは時間がかかっても、完璧なものを仕上げることからはじめてください。

何度も言いますが、**仕事は、速さではなく、良質なアウトプットがすべて**です。

本来、仕事の速さと良質なアウトプットは、天秤にかけるまでもありません。

特に若い頃は、締め切りや提出日が緩やかな仕事が多いと思います。

このとき、速いに越したことはありませんが、それよりも、たとえ時間がかかっても、１００％の力を出し切る方に力点を置いてください。

私はよく、講演会で「**全力で仕事をしたことがありますか？**」と尋ねることがありますが、これも同じことです。「全力」というと、がむしゃらに速く仕事をするとか、残業をたくさんすることを思い浮かべる人がいるかもしれませんが、それは違います。

１００％の力を出し切るように、**まずは、目の前の仕事に徹底して取り組むべき**なのです。

徹底して取り組んでいれば、そのうちに、1時間かかった仕事は30分になり、いずれ15分でできるようになります。質も高まっていきます。納得のいくまで時間をかけてやれば、最初は時間がかかっても、自分の能力が高まりますから、結果として、仕事は速くなるのです。それも良い仕事ができるようになります。

若いうちは、「徹底した。100%の力を出し切った」と当人が思っても、周囲の評価は違います。上司の評価は、せいぜい100点満点中、50点ぐらい。はじめは、実力がないのですから、認めてもらえないのは当たり前です。

でも、だからこそ、自分自身の中では、常に100%を目指さなければならないのです。もしも、「こんな程度でいいか」と80点程度で良しとしてしまったら、上司の評価はほとんど得られないと思います。しかも、80点程度の力しか出さない人は、その悪しき習慣が身についてしまうので、いつまで経っても、評価されないままです。

けれど、常に100%を目指して全力で取り組んでいる人は、50点が51点になり、52点になり、少しずつ、でも、着実にステップアップしていきます。亀の歩みなので、気づきにくいですが、1年もする頃には、相当な実力の差になって表れると思います。

仕事は、そのひとつひとつが真剣勝負です。

うまくいっても、いかなくても、１００％の力を出し切らなければ、次の良いアウトプットにつながりません。松下幸之助さんは最初から、「七転び八起き」などと考えているのは良くないと本に書いておられます。七回転んでも八回目に起き上がればいいというような気持ではいけないのです。一回一回真剣勝負が必要です。一生懸命やってうまくいかなくても、それは構いません。何がうまくいかなかったのか反省して、次に生かせばいいだけですから。問題なのは、はじめから七回までは転んでいいという甘えた気持ちです。そんな姿勢で仕事に取り組んだら、一生評価されないまま終わってしまいます。

常に、全力で取り組む。
はじめは、時間がかかっても自分としては１００％のものを仕上げる。

その気持ちが大切です。

POINT!

はじめは時間がかかっても１００％と思える仕事をやる

正しい目的を持つ

どんな仕事をするときも、その根底に「**良い仕事をしよう**」**という意識**を持つことが大切です。では、どんな仕事を「良い仕事」と定義するのでしょうか？

簡単です。それは人から評価される仕事です。

良い仕事をすれば人が評価してくれますから、さらに仕事が回ってきます。**仕事の報酬は仕事**です。良い仕事をすると、次の仕事で、さらにレベルの高い仕事を任されます。良い仕事は、次の良い仕事へと結びついていくわけですが、それに伴い、求められるレベルはどんどん高くなっていきます。それをやり遂げれば、当然、結果として地位も上がります。だから、平社員、係長、もっと上の部長や役員クラスに求められるアウトプットのレベルは全然違ってくるのです。言い換えれば、アウトプットのレベルが低い人は、いつまでも出世もできず、給与もたいして上がらないままだということです。

良い仕事をするには、「お客さまのため」「周りのため」という気持ちで働くことが大切です。

お客さまのためを貫き、良い商品やサービスを提供すれば、当然ながらお客さまは喜んでくれます。お客さまが喜んでくれたら、その分、会社の売り上げや利益に結びつきますよね。売り上げや利益が出れば、会社は、儲かった分を社員や株主などに還元できます。さらには、納税により地域社会にも貢献することができます。


つまり、良い仕事を目的にしている人は、結果として儲かるのです。

儲けようと思うほど、儲からない

もし、良い仕事が目的ではなく、金儲けが目的になっていたらどうなるでしょうか。

答えは簡単。儲かりません。私は、講演会でよく「**金儲けを目的に仕事をする人は、金儲けすらできない**」と話しますが、これは事実です。

金儲けが目的になると、「お客さまのため」という気持ちは薄れます。

そうなると、仕事は荒れてきます。儲けのためには、手段を選ばなくなりますからね。お客さまはそんな会社を嫌います。また、周りのことを考えないで働く人を、周りの人は嫌います。

「お客さまのために何ができるか」というビジネスの原点がいわば抜け落ちているわけですから、良い商品など提供できないのです。

お客さまも、自分が儲けの手段にされているのを快くは思いません。これでは、到底お客さまに喜んでもらうことはできず、結果として、会社全体の売り上げや利益は下がってしまいます。売り上げや利益が下がれば、会社は、社員や株主に還元することもできず、納税額も下がり地域社会への貢献度合いも低くなってしまいますね。

つまり、お金儲けを目的に仕事をしている人は、金儲けはできないのです。

はじめは、「お客さまのため」を貫いている人も、少し稼げるようになると、とたんにその視点がなくなってしまうのはよくある話です。すると、坂道を転げ落ちるかのように、何もかもがうまくいかなくなってしまいます。

「金儲けを目的にしていても、すごく儲かっている人を知っている」という意見もあるかもしれません。確かに、金儲けを目的にしている人は、がむしゃらですから、短期的、一時的には儲かり、「時代の寵児」などともてはやされることはあると思います。

ただし、中長期的に儲け続けることは厳しいです。


お金儲けしようと頑張っても、結果、お金はついてきません。

良い仕事をしようと頑張れば、結果、お金はついてきます。


お金は良い仕事をした「評価」ですから「目標」にはなります。

しかし「目的」となってしまうと、生き方を間違えることにもなりかねません。

だから、大切なことは、「お金を稼げるぐらいに良い仕事をしよう」と思うことです。人が評価してくれるほど、良い仕事をたくさんしていくことが大切です。

さらには、良い仕事をするための「目標」を持つことも大切です。

私は「月間目標」を立てることを多くの人に薦めています。

このことについては、この章のあとのところで説明します。


POINT!

お客さまを喜ばせるくらい良い仕事をすることを目的に

時間をコントロールする感覚を持つ

お金も時間も、使うもの――。

これは、私が人生の師匠のひとりと仰いでいる、長野県篠ノ井にある円福寺の藤本幸邦先生がおっしゃった言葉です。

お金がなくて、お金のために働くのもそうですが、ある程度お金を稼いで、それをベンツだロレックスだ別荘だと使うようになると、今度は、「もっとお金が欲しい」と思いはじめ、稼ぐために仕事をするようになります。これも、**お金に使われている**ことです。また、会うたびに「忙しい」が口グセの人に限って、スケジュールやTODOを把握せず、自分の実力レベルも分かってないので、時間に追われている感覚に陥りがちです。これは、**時間に使われている**ということです。

時間もお金も、使われるのではなく使うべきです。

私は、「はじめに」でもお話ししましたが、忙しいという感覚はまったくありません。他の人の何倍も仕事があり、その分、何倍もアウトプットを出しても、時間に追われている感覚はありません。

なぜなら、時間もお金もコントロールしているからです。


時間をコントロールできないと、人生が振り回されているのと同じです。

それは、あまりにもったいない話だと思います。

Time is moneyは、「時は金なり」と一般には訳されますが、これは、お金は時間と同じぐらいに貴重だという意味だけではなく、**時間をコントロールできる人が、お金をコントロールでき、ひいては、人生をコントロールできる**という意味だと私は解釈しています。

集中できる時間を把握する

時間をコントロールするには、どうすればいいのでしょうか。

まず、集中力を高める訓練をしてください。

1章の37ページでお伝えした通り、集中力の限度を把握しておくのです。

私は、単行本の原稿執筆の限度は1時間かせいぜい1時間半だと分かっているので、それ以降は、別な仕事にとりかかるようにしています。

このように、仕事ごとに自分の集中できる時間を把握しておくことが、時間をコントロールする訓練になっていきます。

自分にしかできない仕事をする

もうひとつ、時間をコントロールする感覚を持つには、自分にしかできない仕事は何かを見極めるのも大切です。

私がこれほどの仕事をこなせるのは、スケジュールを調整してくれる秘書と、協力してくれるスタッフがいるおかげです。

秘書は、原稿の締め切りのコントロールや、講演、研修、取材、多くの会議のスケジュール調整、それに伴う新幹線や飛行機、ホテルの手配などをすべて行ってくれます。スタッフは、私が、仕事に必要な参考資料やデータがあると、即座に調べてくれます。

要は、分業ができているのですが、その理由は、私が自分にしかできない仕事に集中したいからです。経営コンサルタントとして、お客さまの問題の解決策を考える、原稿を書く、講演を行う、テレビに出るというのは、私にしかできないことです。
それに専念するには、私以外の人でもできることは、極力、他の人に任せるようにしているのです。

自分にしかできない仕事が明確になれば責任感がより強くなりますから、限られた時間を有効に活用しようとする意志が働きます。

これが、時間をコントロールすることにつながっていくのです。

「自分という店」の店主だと思おう

もちろん、若いうちは、こんなふうに他人に仕事を任せることはできないと思います。上からの指示で動くことが圧倒的に多いでしょうし部下もいません。

このとき大事なのが、「やらされている感」をなくすことです。

若いときほど、やりたい仕事ができないため、やらされている感に結びつきやすいと言えますが、それでは、時間をコントロールする感覚を持つことができません。

大切なのは、どんな仕事も、「高い評価が得られるぐらい良い仕事をしよう」という気持ちで取り組むことです。

良い仕事をしようと全力で取り組めば、時間はまたたく間に過ぎ、あっという間に終業時刻だと感じるはずです。

時間を忘れるぐらいに働く気概が必要です。松下幸之助さんは「ひとりひとりが店主だと思って仕事をしてほしい」とおっしゃっています。

各自が自分の個人商店をやっている感覚で、仕事をする。

それが、良い仕事につながり、評価も高まり、新たな良い仕事、責任のある仕事へと結びついていくのです。

POINT!

時間をコントロールできる人が、お金、そして人生をコントロールする

仕事が速くなるマインド力 5

月間目標を立てる

もうひとつ、時間をコントロールする感覚を持つには、目標を立てて、それを実行していくことが大事です。

何を、いつまでにやるのか。具体的な目標を立てて実行していくのです。

といっても、大げさなものではありません。

私が昔から実行していて皆さんにもおすすめしたいのが、「**毎月1日に『月間目標』を立てる**」ことです。仕事とプライベート、それぞれひとつずつの目標を立てます。

ハードルの高い目標である必要はありません。

それよりも、例えば仕事なら「スティグリッツの『入門経済学』の○ページから○ページまでを徹底して読んで理解を深める」とか、プライベートなら「家族で月に2回以上、外食に行く」とか、この程度で構いません。

掲げた目標は、その月のだいたいいつまでに実行するつもりなのかも決めておくと、より具体的で進めやすくなります。私は30代の頃から、こんな感じで月間目標を立てて、それをずっと続けてきました。

スティグリッツの『入門経済学』のある個所を素読みするだけなら、わざわざ目標を立てなくてもいいかもしれませんが、その個所を「徹底して読んで理解を深める」となると、欄外の注釈を確認したり、他の専門書を参考にして読んでいかなければなりません。こうしたことは、やろうと思っても、つい後回しになりがちです。

だからこそ、あえて目標として掲げた方が良いのです。

週末の1〜2時間が仕事を大きく変える

でもこれは、決して難しい目標ではありません。できれば、土日のどちらか、1〜2時間だけでいいので時間を確保してください。

On the jobでできない勉強を、Off the jobでやるのです。

自分の仕事に関することを深掘りして勉強するのは、物事の本質を勉強することにつながります。本質が分かれば、それまでよりも格段に仕事は速くなっていきます。

週末に、わずか1〜2時間割くだけで仕事は大きく変わるのです。

でも残念ながらほとんどの人がやっていません。やっていたとしても直接仕事にかかわらないことで、それなら「趣味」と同じです。

目標は達成できなくてもかまわない

目標は達成できなくても神経質になる必要はありません。

反省すればいいだけです。私も毎月すべての目標を達成できているかと言われれば、できないときもあります。

本を読む月間目標を立てても、全部読み切れないときがあります。その場合は、読めなかった分だけ翌月に持ち越して、また新たな目標として実行するようにしています。しかし、わずかでも前に進んでいなければなりません。できなくてもいいということと、やらないということは違います。それをやらない言い訳にしているようではいつまでも二流です。

月間目標のいいところは、「毎月1日」という誰もが覚えられる区切りのいい日に目標を立てられることです。年間目標では先が長すぎて何の目標を立てたかということすら忘れてしまいますし、週間目標では短すぎて目標に追われるばかりになってしまいます。月間目標ぐらいがちょうどいいスパンなのです。

月間目標をクリアできれば、ちょっとした達成感が生まれます。

達成感を毎月味わうことができれば、少しずつ、でも、着実にステップアップしているる手応えを感じられるようになります。

すると、目標を立ててそれを達成していくのが楽しくなってきます。

つまり、自分で時間を上手にコントロールしながら意欲的に仕事に取り組めるようになるのです。月間目標を立ててそれを実行していくことを繰り返していけば、より長期的な目標を立てて、それをクリアすることもやりやすくなります。

目的と目標の違いを理解しよう

目標について、もう少しお話しておきます。目標はそのはるか先に目的があります。
目的と目標の違いは分かりますか？

○「目的」とは、最終的に行きつくところ、あるいは存在意義

○「目標」とは、その通過点や具体的に実行すること

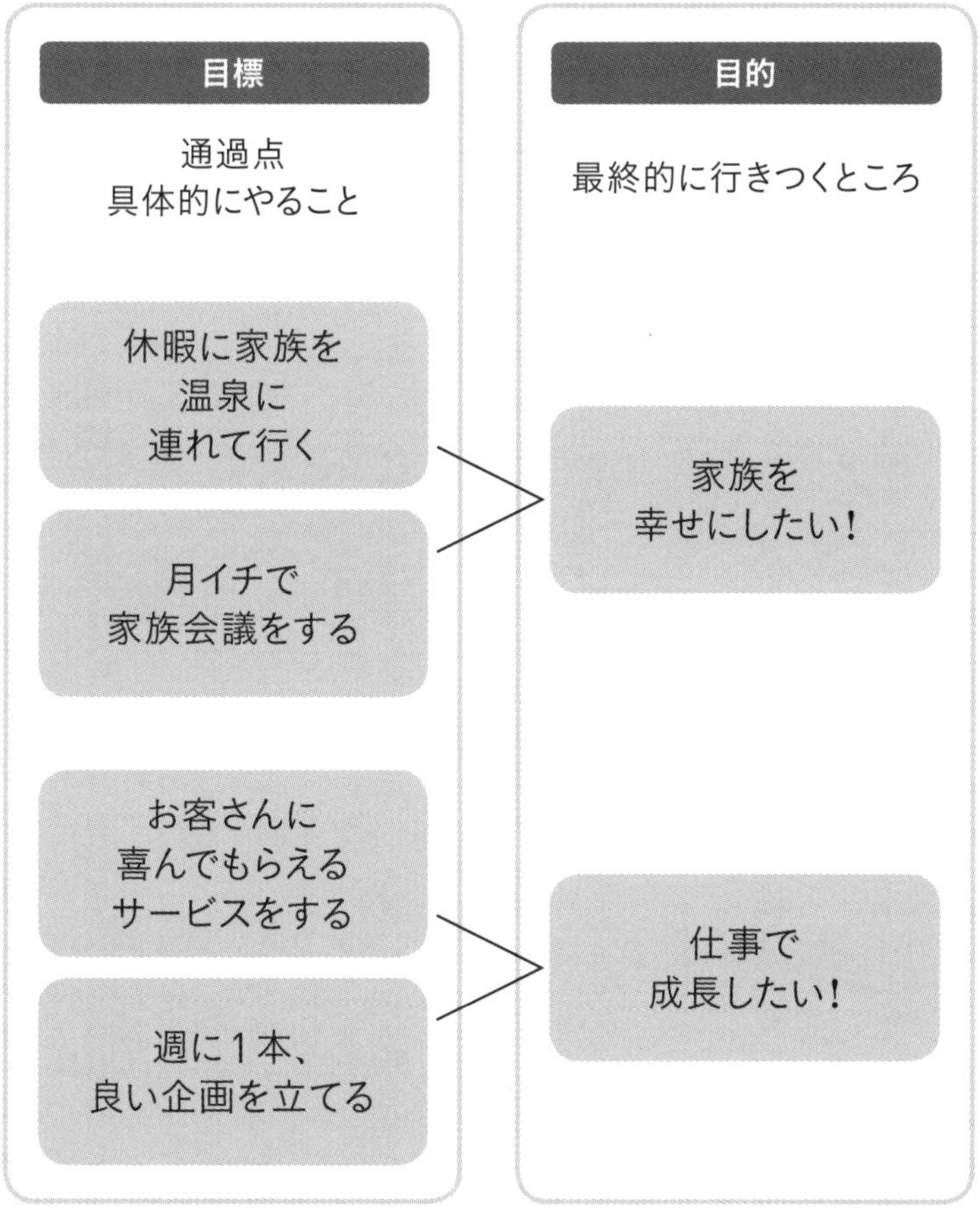
目標
通過点
具体的にやること
休暇に家族を
温泉に
連れて行く
月イチで
家族会議をする
お客さんに
喜んでもらえる
サービスをする
週に１本、
良い企画を立てる
目的
最終的に行きつくところ
家族を
幸せにしたい！
仕事で
成長したい！

「家族を幸せにする」というのは「目的」で、「休暇に家族を温泉に連れていく」のは「目標」になります。違いは分かりますか？

「目的」は、「終わりがないもの」と言い換えられます。

家族を何度か温泉に連れて行っても、家族を幸せにするという「目的」が達成されるわけではありませんよね。その意味で、目的は存在意義でもあるのです。生きている限り目指していくべきもの。それが目的です。

ただし、若いうちは、いきなり目的を掲げろと言われても難しいと思います。

ですから、まずは「月間目標」を立てて、それを達成する努力を続けてください。そのうちに、より長い目標や目的が見えてくるはずです。

目的は最初は分からなくてもいい

ところで、他の目標管理の本を読んでいると、まず目的を掲げ、それを長期目標に落とし込み、さらにブレークダウンして短期目標を設定すると良いと書かれているものが多いです。けれど、これはなかなか難しい。いきなり自分や仕事の存在意義（目的）を定められる人の方が少ないと思うからです。

先にもご説明しましたが、孔子ですら50歳になって自分の天命を知ることができたのです。自分の人生の目的を知ることはそれほど難しいのです。だから、われわれ凡人は、「月間目標」を積み重ねていくことの方が確実だと思います。

経営コンサルタントとしてのビジネスにおける私の目的は、「私にかかわる人に成功してもらうこと」です。これが私の存在意義です。

顧問先のお客さまや本を読んでくださる方、講演会に来てくださるビジネスマンが成功してくれたら、これに勝る喜びはありません。そのために「本を100冊出版する」などの目標を掲げているのです。

しかし、これは目標ですから、この目標に達したからといって、目的が達成されたことにはなりません。目標はあくまでも目的に達する通過点や手段でしかありません。

皆さんも、目的を確立させるためにも、まずは身近な目標から掲げ、実行してみてください。

POINT!

目標を実行していくうちに、目的が見えてくる

仕事が速くなるマインド力 6

手を動かす

仕事をする上では、あれこれと頭で考えず、**まず、手を動かす**のをモットーにしてください。

頭は臆病ですが、手は臆病ではありません。
実際に手を動かす。
すなわち、行動に移してみて、初めて気づくことがたくさんあるのです。

お客さまや周りの人への気配りもそうです。気配りしようと心の中でどんなに思っていても、それだけでは気配りしたことにはなりませんよね。意識から入ってもうまくいかないのです。行動するから気づく人になり、気配りできるようになるのです。
身体がよく動く社員のいる会社ほど、お客さまへの挨拶や気配りが抜群で表情も明るいことが多いのは、まず、手を動かしているからです。理屈ばかり言っている人は、だいたい難しい顔をしています。

剣道、武道、華道、茶道など、「〇〇道」とつくものは、全部、型から入ります。型をひたすら何度も繰り返して鍛錬し、体に覚えさせて、自分のモノにしていきます。

小さな行動を、何千回、何万回とやるうちに、次第に意識が芽生えます。「下手の考え休みに似たり」です。考えてばかりで何もしないのは、時間の浪費に他なりません。偉そうな口を叩いているヒマがあったら、即、行動に移す人になってください。

何かひとつ毎日続けられるものを

まず、手を動かす、行動する人になるには、何かひとつでいいから、毎日続けられるものをやってみることです。あれもこれも手を出すのではなく、一点突破です。日記をつけるのもいいですが、はじめにやってほしいのは、早起きです。

1章でも、早起きの効用について少し述べましたが、明日から、毎日、1時間早く会社に行ってみてください。それを習慣にするのです。

1時間早く会社に行けば、人生が変わる。

私は、大げさではなくそう思っています。

1時間早く会社に行くと、自分が一番乗りではなく、他の社員がいることに気づきます。上司が実は早く来ていることもあります。みんなが、ギリギリで会社に来るわけではない。それを知るのはすごく大事です。少なくとも早く来る人は、時間を有効に使おうとする意志のある人です。早く来て、やるべきことをきちんとやって、終業時刻にはさっさと帰る。そういう人は当然、上司の評価も良いはずです。

私は、毎朝7時40分、早い時には7時頃に会社につきますが、お客さまを訪問するために、1時間ほど仕事をしたあと、8時50分頃に事務所近くの駅に行くことがあります。その時間は、ちょうど出勤時刻と重なるので、人、人、人の波に出くわします。

仕事ができる人は、早く会社に来ている

ほんの1時間前なら、電車はすいているし、駅構内もこんなに混んでいません。たかが1時間の差。でも長い目で見れば、人生の成否を大きく左右するように感じます。なぜなら、みんなが出勤する8時50分までに、私は、すでにTO DOをいくつもこなし、原稿も何枚かは書いているのです。新聞も3紙読み終えています。これが10年も続けば、どう考えても、定時に出勤している人よりは、仕事はできるし、速くなっているのではないかと思います。

「遅くまで残業しているから、朝は滑り込みになるのはしかたがない」という人もい

ますが、それは時間の使い方がうまいとは言えません。極力残業せず、就業時間中にどれだけの仕事をするべきか把握している方が時間のコントロール力には長けていると思います。事実、仕事ができる人ほど、早く来ている確率は高いです。

1時間早く会社に行けば、始業前ですから自由に時間を使えます。読書の時間に充ててもいいし、机の上を片づけてもいい。コーヒーを飲みながら、新聞をゆっくり読んでもいいですね。やってみると分かりますが、1時間早く来るだけで、気持ちの余裕も生まれます。さらには、早く来ている人は遅く来る人が何をしているかが分かっていますが、遅く来る人は、早く来た人たちが何をやっているかは知らないのです。

もうこの時点で、遅く来る人たちは負けているのです。

ですから、早起きは成功のためには非常に大切なのです。

このわずかな一歩の踏込みが、良質なアウトプットにつながり、結果として、速く仕事ができる人になるのです。

POINT!

1時間早く、会社に来る

おわりに——

終わりを意識しながら生きる、ということ

昨年10月に亡くなったスティーブ・ジョブズは、スタンフォード大学の卒業式辞で有名な言葉を残しています。

「もし今日が自分の人生最後の日だとしたら、今日やる予定のことを私は本当にやりたいだろうか？」

人間、必ず、死ぬんです。
そんなこと、分かっていますよね。
分かっているけど、それは遠い先の話。
心のどこかで、そう思っている人の方が多いと思います。
でも、遠い先の話ではないかもしれません。
脅かすわけではないですが、病気になったり、事故に遭う可能性は誰もがあります。

死は、遠い。
でも、本当はとても身近にあるものです。
事故に遭わずとも、病気にならずとも、誰にも寿命は訪れます。
人間は、１００％、死ぬのです。
松下幸之助氏は、死についてこのように話しています。
「死を恐れるよりも、死の準備のないことを恐れた方がいい」
死の準備とは、お葬式やお墓の準備をすることではありません。

いかに真剣に生きるべきか、あなた自身が考えることを意味します。

死を恐れるのは人間の本能です。
できるだけそのことを遠ざけようとしますが、どれだけ考えないようにしていても、人がいつも死に直面していることには変わりがありません。

何が言いたいかと言うと、「終わり」が来ることを意識して人生を力強く生きてほしいのです。

終わりを意識するからこそ、今、与えられている生命を最大に活かしたいと思うし、1日1日を丁寧に、大切に生きようという気持ちに結びつくのではないでしょうか。

私は、2006年の10月に右肺の3分の1ほどを切除する手術をしました。

幸い早期発見で、手術の7日後にはテレビに出演できるほど経過も良好でした。

でも、大病後は、心境に変化がありました。

終わりをより意識するようになったし、だからこそ、できるだけ多くの仕事をしたいし、ひとつひとつの仕事をさらに丁寧にやっていきたいという思いが強くなりました。

「一期一会」の大切さも感じています。

講演会などに足を運んでくださる方と、その後、二度と会わないことの方が多いからです。出会えたことに感謝し、何かひとつでもいいから、役に立つことを伝えたいという気持ちが強くなりました。

終わりを意識すれば、当然、それは仕事にも表れます。

良い仕事をすることを目的に、お客さまや社会に喜ばれる商品やサービスを提供しようと奮起するようになります。ひとつでも良い仕事をしたいと思う向上心もあるので、スキルも磨かれ、仕事はどんどん速くなるのです。

だから、どうか皆さん、良い仕事を目的にして、良質なアウトプットを目指してください。

本書を読んで、限られた時間の中で、たくさんの良質な仕事をしてくれる人がひとりでも増えたら、こんなに嬉しいことはありません。

小宮一慶

小宮式・最速仕事術

「読《よ》む」「書《か》く」「考《かんが》える」は5分《ふん》でやりなさい！

2012年3月24日　初版発行

2012年4月29日　4刷発行

著　者……小《こ》宮《みや》一慶《かずよし》

発行者……大和謙二

発行所……株式会社大和出版

東京都文京区音羽1-26-11　〒112-0013

電話　営業部03-5978-8121／編集部03-5978-8131

http://www.daiwashuppan.com

印刷所……誠宏印刷株式会社

製本所……株式会社誠幸堂

装幀者……石間 淳

乱丁・落丁のものはお取替えいたします

定価はカバーに表示してあります

ISBN978-4-8047-1773-9